QUESTÕES DE CONCURSO

Comentários a questões de concursos
para a Magistratura e
Ministério Público do Trabalho

VOLUME 7

1ª edição — 2009
2ª edição — 2014

ANA PAULA ALVARENGA MARTINS
CARLOS EDUARDO OLIVEIRA DIAS
Juízes do Trabalho da 15ª Região

QUESTÕES DE CONCURSO
Comentários a questões de concursos para a Magistratura e Ministério Público do Trabalho

VOLUME 7

2ª edição

EDITORA LTDA.
© Todos os direitos reservados

Rua Jaguaribe, 571
CEP 01224-001
São Paulo, SP — Brasil
Fone (11) 2167-1101
www.ltr.com.br

Produção Gráfica e Editoração Eletrônica: R. P. TIEZZI
Projeto de Capa: FABIO GIGLIO
Impressão: PIMENTA GRÁFICA E EDITORA

LTr 4976.1
Março, 2014

Dados Internacionais de Catalogação na Publicação (CIP)
(Câmara Brasileira do Livro, SP, Brasil)

Martins, Ana Paula Alvarenga
  Questões de concurso : comentários a questões de concursos para a Magistratura e Ministério Público do Trabalho, volume 7 / Ana Paula Alvarenga Martins, Carlos Eduardo Oliveira Dias. — 2. ed. — São Paulo : LTr, 2014.

  Bibliografia
  ISBN 978-85-361-2853-5

  1. Juízes trabalhistas — Concursos — Exames, questões etc. — Comentários 2. Justiça do trabalho — Brasil 3. Magistratura — Concursos — Exames, questões etc. — Comentários 4. Ministério Público — Concursos — Exames, questões etc. — Comentários I. Dias, Carlos Eduardo Oliveira. II. Título.

14-01309   CDU-347.962:347.963:331(81)(079)

Índices para catálogo sistemático:

1. Concursos : Questões comentadas : Magistratura trabalhista : Direito : Brasil
   347.962:347.963:331(81)(079)
2. Concursos : Questões comentadas : Ministério Público do Trabalho : Direito : Brasil 347.962:347.963:331(81)(079)

SUMÁRIO

APRESENTAÇÃO 9

DIREITO DO TRABALHO

1) Ação de consignação em pagamento, por meio da qual a empresa consignante pretende obter a declaração de extinção da obrigação quanto ao recolhimento das contribuições sindicais devidas à entidade representativa de sua categoria econômica, aduzindo dúvida quanto ao credor, diante do recebimento de cobranças por parte do Sindicato A, para o qual sempre efetuou os pagamentos, bem como por parte do Sindicato B, denominando-se novo detentor da representatividade sindical, com respaldo em registro conferido pelo Ministério do Trabalho e Emprego. Faça a análise da situação jurídica ora enfocada, sobretudo à luz do contido no art. 8º da Constituição Federal. 11

2) Para reduzir seus custos, empresa contrata cooperativa de prestação de serviços. Os trabalhadores disponibilizados pela cooperativa assumem o processo produtivo do setor essencial da empresa, recebendo desta todas as orientações técnicas, ordens em geral, além de estarem subordinados hierarquicamente aos chefes da empresa. Os salários desses trabalhadores são pagos pela cooperativa. O candidato deverá responder: a) Existe relação de emprego? b) Caso o trabalhador sofra acidente de trabalho a serviço da tomadora, quem responde pelas consequências do acidente? c) Cooperativa é considerada empresa? 14

3) O empregado pode se recusar a ser promovido no emprego ou a promoção é direito potestativo do empregador, que poderá até mesmo puni-lo por ato de indisciplina ou insubordinação?............. 18

4) Quais os fundamentos jurídicos da responsabilidade civil do empregador na hipótese de acidente de trabalho sofrido pelo empregado? É aplicável o disposto no art. 927, parágrafo único, do Código Civil? Justifique. 20

5) Lucas foi estagiário de engenharia no setor de usinagem de uma empresa metalúrgica. Ao término do estágio, cujo contrato seguiu fielmente as formalidades legais, ajuizou reclamação trabalhista — não para caracterização do vínculo, mas, apenas, para pleitear o pagamento de adicional de insalubridade que entende devido. Discorra sobre a viabilidade de sucesso desta demanda à luz da legislação vigente abordando, inclusive, a competência da Justiça do Trabalho para dirimir este conflito. 22

DIREITO PROCESSUAL DO TRABALHO

6) O Município, em decisão acobertada pela coisa julgada, foi condenado pela Vara do Trabalho no pagamento de gratificação por tempo de serviço a servidor contratado pelo regime da Consolidação das Leis do Trabalho, com fulcro em lei local. Iniciada a execução, em sede de embargos, o Município informa a declaração da inconstitucionalidade da lei na qual está respaldado o julgado exequendo, por decisão do Tribunal de Justiça do Estado, requerendo a decretação da extinção da execução. Faça a análise sistemática da situação ora enfocada, com a apresentação de posicionamento jurídico final. 28

7) Ação civil pública. a) Conceitue direitos e interesses difusos, coletivos e individuais homogêneos na esfera trabalhista. b) Existe integração entre o art. 2º da Lei de Ação Civil Pública e o art. 93 e seus incisos do Código de Defesa do Consumidor? c) O inciso II do art. 93 do Código de Defesa do Consumidor trata de competência concorrente? d) Comente o posicionamento do C. TST ante os temas acima. 31

8) Discorra sobre as correntes que tratam da aplicabilidade da prova obtida por meio ilícito no Processo do Trabalho. 33

9) Dissertação — Justiça, equidade e princípio da legalidade diante da revelia no processo trabalhista. 37

DIREITO CIVIL

10) Bem de família. a) Definição. b) Diferenças entre bem de família que trata o art. 1.711 e seguintes do Código Civil e a Lei n. 8.009/90. Tais normas coexistem? c) Sua penhorabilidade frente ao devedor solteiro, à nua propriedade e às obrigações propter rem. d) Possibilidade de declaração ex officio. e) Frente aos créditos trabalhistas, considerando a natureza jurídica da exceção prevista no inciso III, do art. 3º da Lei n. 8.009/90. f) Essa excludente de penhorabilidade pode ser alegada em embargos de terceiro? 40

DIREITO CONSTITUCIONAL

11) Quanto à Seguridade Social discorra sobre os princípios da solidariedade, seletividade e distributividade na prestação de benefícios e serviços. 43

DIREITO ADMINISTRATIVO

12) Os Conselhos Regionais de Fiscalização Profissional são entidades autárquicas federais. Indaga-se: aos seus empregados são aplicáveis os arts. 37 e 41 da Constituição Federal, notadamente quanto à necessidade de concurso público para admissão e aquisiço de estabilidade? 46

13) Empregado público submetido a contrato de experiência por noventa dias ingressa com ação trabalhista em face de seu empregador sustentando ser inaceitável e ilegal tal exigência, uma vez que o edital do certame que o aprovou não fazia referência alguma a essa espécie de contratação. O reclamado se defendeu alegando que o interesse público autoriza e ampara tal procedimento. Pergunta-se: é lícita essa modalidade de contratação? Qual a solução mais adequada ao processo em questão? Justifique as respostas. 47

DIREITO PROCESSUAL CIVIL

14) Súmulas. a) Princípios que as informam. b) Seu poder vinculante.
    c) Consequências de sua edição. 51
15) Estabeleça a relação entre a finalidade do recurso de Embargos de
    Declaração e o princípio do devido processo legal. 53

APRESENTAÇÃO

Há alguns anos temos prestado auxílio a candidatos em Concursos Públicos para a Magistratura e para o Ministério Público do Trabalho, seja em aulas realizadas em cursos preparatórios, seja em orientações pessoais ou realizadas em grupos de estudos. Nessa atividade, invariavelmente nossos orientandos nos solicitam que comentemos questões de provas dissertativas já realizadas, tanto para que possam identificar similitudes com suas próprias respostas, como também para subsidiar novos estudos. Esses comentários são sempre feitos tendo como foco aquilo que imaginamos que deveria ser abordado pelo candidato na resposta, o que resulta em um estudo amplo e o mais completo possível de cada instituto abordado na prova. O comentário feito, pois, revela um paradigma importante para se compreender os diversos temas exigidos em cada prova.

Com isso, já analisamos mais de duas centenas de questões de concursos realizados desde 1998, e a utilidade que vimos no resultado desse trabalho nos estimulou a organizá-las de forma a permitir sua publicação em pequenos opúsculos, como o que ora apresentamos.

Assim, nossa proposta neste trabalho é o de oferecer, em diversos volumes, uma seleção das questões que entendemos mais importantes e interessantes, dentre todas as que até o momento avaliamos e comentamos. Para tanto, procuramos identificar naquelas questões que já possuímos as que tenham maior repercussão no universo dos candidatos em concurso. Como esse trabalho foi sendo desenvolvido no curso dos anos, optamos por questões que ainda denotam relevância, deixando de lado aquelas que, por razões das mais diversas, deixaram de ter tanto interesse, ou ainda as que foram descontextualizadas por mudanças legislativas ou de orientações predominantes na jurisprudência. De outra parte, a despeito de encontrarmos questões interdisciplinares, ou seja, que abordam mais de uma disciplina em seu bojo, optamos pela fidelidade à classificação usada na própria prova, pela respectiva Comissão Organizadora.

Revelamos, outrossim, que cada problema apresentado exige uma perspectiva crítica, e sobre vários temas reconhecemos que há um tanto de subjetivismo imanente na resposta – mesmo porque apontamos, conforme o caso, nosso posicionamento pessoal a seu respeito. No entanto, focando os objetivos que buscamos nas respostas, sempre apontamos uma perspectiva ampla, envolvendo inclusive os entendimentos predominantes e consolidados, para tornar o mais completa possível a resposta ao candidato.

Pela própria dinâmica do trabalho, preferimos apresentar apenas algumas questões em cada volume, o que nos permite manter o trabalho em constante atualização, pois cada concurso realizado possibilita o acréscimo de novos temas a serem comentados.

Por outro lado, consideramos o universo das disciplinas exigidas nas provas dissertativas dos concursos, de modo que sempre apresentamos algumas questões de cada uma delas, divididas de forma temática.

Conforme já exposto, nossa expectativa é de que esses opúsculos possam servir de fonte de estudos, especialmente para os que estão prestando ou pretendem prestar concursos para carreiras jurídicas trabalhistas, mas também podem ser usados para todos os que quiserem se defrontar com temas relevantes, polêmicos e palpitantes.

Os autores.

DIREITO DO TRABALHO

1) Ação de consignação em pagamento, por meio da qual a empresa consignante pretende obter a declaração de extinção da obrigação quanto ao recolhimento das contribuições sindicais devidas à entidade representativa de sua categoria econômica, aduzindo dúvida quanto ao credor, diante do recebimento de cobranças por parte do Sindicato A, para o qual sempre efetuou os pagamentos, bem como por parte do Sindicato B, denominando-se novo detentor da representatividade sindical, com respaldo em registro conferido pelo Ministério do Trabalho e Emprego. Faça a análise da situação jurídica ora enfocada, sobretudo à luz do contido no art. 8º da Constituição Federal.

 A situação descrita na questão mostra a pertinência da pretensão apresentada pela empresa, quanto ao ajuizamento da ação de consignação em pagamento. Com efeito, havendo dúvidas a respeito de quem seria o titular de determinada obrigação, o devedor pode postular em Juízo a definição dessa titularidade, mediante a ação mencionada, colocando ambos os postulantes na condição de demandados.

 Por outro lado, resta induvidosa a competência da Justiça do Trabalho para a análise desse conflito, visto que a discussão essencial que o processo apresenta é a representação sindical da categoria econômica da qual pertence a empresa. Assim, nos termos do art. 114, III, da Constituição, é da competência trabalhista a apreciação das ações que versem sobre representação sindical, tendo em seus pólos duas ou mais entidades sindicais, entre sindicatos e trabalhadores, ou sindicatos e empregadores. Ressalte-se que, embora a ação verse sobre as contribuições sindicais devidas pela empresa à sua entidade sindical, o ponto fundamental de análise do conflito é a identificação da entidade representativa da categoria patronal, já que a empresa recolhia a contribuição para um sindicato e outro passou a reivindicá-la.

A apreciação concreta desse litígio envolve a aferição de qual das entidades seria a legitimada a receber as contribuições do empregador, considerando-se o princípio da unicidade sindical inscrito no inc. II, do art. 8º da Constituição. Na realidade, o problema desvela uma das contradições do sistema sindical brasileiro, que é o fato de ser preservada a unicidade sindical, com monopólio representativo por parte daquela entidade que se considera como a detentora da personalidade sindical. É certo que a jurisprudência, inclusive do STF, já decidiu que não ofende o texto da Constituição a exigência de registro sindical no Ministério do Trabalho, órgão que ainda continua a ser o órgão estatal incumbido de atribuição normativa para proceder à efetivação do ato de registro (cf. ADI n. 1.121-MC, Rel. Min. Celso de Mello, julgamento em 6.9.95 e Súmula n. 677 do STF).[1]

No entanto, se é verdadeiro afirmar-se que o STF considera que a existência do registro sindical é instrumento indispensável para a fiscalização do postulado da unicidade sindical e que é o ato que habilita as entidades sindicais para a representação de determinada categoria (Cf. Rcl 4.990-AgR, Rel. Min. Ellen Gracie, julgamento em 4.3.09), não menos certa é a afirmação de que sua existência não garante, por si só, a respectiva representação. Com efeito, o Ministério do Trabalho concede o registro sindical a partir do cumprimento dos requisitos formais exigidos para essa finalidade, e diante da inexistência de impugnação do pedido. Se isso ocorrer, a entidade postulante obtém o instrumento formal de sua existência sindical, mas a efetiva representação ainda poderá ser objeto de debate e apreciação judicial, caso haja alguma ação nesse sentido. É certo que o norteamento se dá todo pela jurisprudência visto que praticamente inexistem normas reguladoras do tema, ficando esse assunto totalmente voltado ao preenchimento jurisdicional, mormente pelo Judiciário Trabalhista, como antes explicitado.

Assim, qualquer sindicato poderá demandar contra essa entidade, sustentando a ofensa ao preceito da unicidade, e à Justiça do Trabalho competirá fixar qual delas detém a representação da categoria. Dentro das possibilidades de discussão existentes a esse respeito, situam-se o desmembramento territorial e o desmembramento de categorias, inclusive similares e conexas. Com efeito, a restrição constitucional impositiva da unicidade fixa o padrão territorial mínimo como sendo o de um município, de sorte que é admissível que um determinado sindicato tenha sua

---

(1) "Até que lei venha a dispor a respeito, cabe ao Ministério do Trabalho proceder ao registro das entidades sindicais e zelar pela observância do princípio da unicidade." (SÚM. n. 677/STF)

base territorial desmembrada, mesmo que não tenha manifestado sua concordância com esse ato. Nesse sentido, decidiu o STF:

> "Os princípios da unicidade e da autonomia sindical não obstam a definição, pela categoria respectiva, e o consequente desmembramento de área com a criação de novo sindicato, independentemente de aquiescência do anteriormente instituído, desde que não resulte, para algum deles, espaço inferior ao território de um Município (Constituição Federal, art. 8º, II)." (RE 227.642, Rel. Min. Octavio Gallotti, julgamento em 14.12.98).
>
> "Sindicato. Desmembramento. Alegação de afronta ao princípio da unicidade sindical. Improcedência. Caso em que determinada categoria profissional — até então filiada a sindicato que representava diversas categorias, em bases territoriais diferentes — forma organização sindical específica, em base territorial de menor abrangência. Ausência de violação ao princípio da unicidade sindical. Precedente." (RE 433.195-AgR, Rel. Min. Carlos Britto, julgamento em 20.5.08).

Por outro lado, também se admite a possibilidade de discussão quando há desmembramento de atividades, no caso da categoria econômica. A CLT admite, desde sua origem, que as chamadas categorias similares e conexas sejam agrupadas em um mesmo contexto para fins de organização sindical. No entanto, tem sido admitido na jurisprudência que, diante da especialidade ou especificidade de certa categoria, ela possa ser desmembrada em relação à entidade a que estava antes vinculada. A decisão abaixo indica essa possibilidade, inclusive em se tratando de categoria econômica:

> "Confederação Nacional de Saúde — Hospitais, Estabelecimentos e Serviços — CNS. Desmembramento da Confederação Nacional do Comércio. Alegada ofensa ao princípio da unicidade. Improcedência da alegação, posto que a novel entidade representa categoria específica, até então congregada por entidade de natureza eclética, hipótese em que estava fadada ao desmembramento, concretizado como manifestação da liberdade sindical consagrada no art. 8º, II, da Constituição Federal." (RE n. 241.935-AgR, Rel. Min. Ilmar Galvão, julgamento em 26.9.00).

Além dessa possibilidade, diante da extinção da Comissão de Enquadramento Sindical, a quem antes competia a definição do enquadramento de cada atividade econômica e profissional, tornou-se casuística a necessidade de fixação desse enquadramento para atividades não inseridas no Quadro Anexo mencionado pelo art. 577 da CLT. Como novas formas produtivas inseridas na economia, não são poucas as atividades que não encontram ressonância naquelas tratadas pelo Quadro, ou nas quais se vislumbra a necessidade de desmembrado, devido à sua especificidade.

Todo esse universo de circunstâncias pode, perfeitamente, fomentar a discussão existente na hipotética ação consignatória. Isso justifica a assertiva segundo a qual a simples existência do registro sindical não tem o condão de assegurar a titularidade da representação, havendo francas possibilidades de questionamento sobre a legitimação da entidade anterior e a aquisição pela posterior. Por fim, cabe consignar que a jurisprudência também tem reconhecido que, havendo identidade de representação — ou seja, mesma categoria, na mesma base, sem possibilidade de desmembramento — a representação sindical será conferida à entidade cujo registro é anterior (Cf. RE n. 199.142, Rel. Min. Nelson Jobim, julgamento em 3.10.00 e RE n. 209.993, Rel. Min. Ilmar Galvão, julgamento em 15.6.99). Portanto, no caso em foco, caso houvesse essa plena identidade, o Sindicato A tenderia a permanecer com a representação da categoria da empresa indicada.

2) Para reduzir seus custos, empresa contrata cooperativa de prestação de serviços. Os trabalhadores disponibilizados pela cooperativa assumem o processo produtivo do setor essencial da empresa, recebendo desta todas as orientações técnicas, ordens em geral, além de estarem subordinados hierarquicamente aos chefes da empresa. Os salários desses trabalhadores são pagos pela cooperativa. O candidato deverá responder: a) Existe relação de emprego? b) Caso o trabalhador sofra acidente de trabalho a serviço da tomadora, quem responde pelas consequências do acidente? c) Cooperativa é considerada empresa?

O enunciado da questão permite a franca conclusão de que a relação formada pelos cooperados com a tomadora é uma dissimulada relação de emprego. Da simples menção de que a contratante substituiu sua mão de obra regular, que atuava dentro do processo produtivo de setor essencial da empresa, já resulta a impropriedade de qualquer modalidade de interposição de serviços, segundo o consolidado critério da Súmula n. 331 do TST. Isso é potencializado pela utilização de empregados vinculados a uma cooperativa de trabalho, ou de prestação de serviços, como assinalado na questão. Com isso, se constatado que a atividade à qual se destinam os serviços dos cooperados está relacionada à atividade-fim do tomador de serviços, independentemente da figura jurídica da interposta, o processo de terceirização seria ilícito, consoante o critério consolidado pelo TST em sua jurisprudência.

Ao lado disso, pela natureza da relação jurídica mantida entre os cooperados, a interposição é absolutamente incompatível com sua configuração regular, diante do princípio da *dupla qualidade*, imanente ao cooperativismo. Por esse princípio, temos que o traço marcante do trabalho cooperativo é que a prestação de serviços pelos cooperados se faz sempre por conta própria, ainda quando eles destinam os serviços a terceiros. É legítimo o trabalho cooperado quando os trabalhadores se reúnem e disponibilizam os serviços para si próprios, oferecendo, ainda, de forma circunstancial, a terceiros usuários. Mas mesmo quando oferecem os serviços a terceiros, são eles mesmos os destinatários dessa força de trabalho: a atividade prestada a não associado representa incremento no desenvolvimento da cooperativa, que resulta em ampliação do ganho ao próprio cooperado.

Absolutamente diverso seria o caso da atividade dos "cooperados" que não se desenvolve por conta própria, mas sim por conta alheia, distinção que deixa patente o desvirtuamento no uso de trabalho cooperado, quando se trata de hipóteses como essa que examinamos. O trabalho cooperativo só pode ser fornecido a terceiros quando estes são os usuários finais do serviço, e a realização do trabalho configura que o beneficiário do trabalho é o próprio cooperado. Nunca poderá ocorrer licitude em um trabalho cooperativo se o resultado do trabalho beneficiar outra pessoa, que não os próprios cooperados, porque, repetimos, isso representaria total afastamento dos fundamentos da sociedade cooperativa.

Esse fator, embora não seja exclusivo, é o que prepondera para definir nossa conclusão de que é inviável o uso de cooperativas para a interposição de mão de obra. Afinal, nesse processo de trabalho, temos um destinatário dos serviços que são prestados pelo empregado da empresa interposta que não é, necessariamente, seu usuário final, o qual pode ser o cliente desse destinatário, como no caso que citamos. O trabalho que assim se realiza, portanto, nunca é feito por conta própria pelo prestador, mas sempre por conta alheia — destinado ao seu tomador de serviços, que pode ainda destiná-lo a seus clientes. Tomemos o exemplo dos entregadores de alimentos prontos (os chamados atendimentos *delivery*, praticados por pizzarias e restaurantes). Sendo esse trabalho realizado mediante um processo de interposição de mão de obra, temos que o usuário final dos serviços é o cliente do estabelecimento, e o resultado direto do trabalho de entrega não reverte aos trabalhadores, mas sim ao estabelecimento, que nem seu empregador é, ao menos de maneira formal.

O mesmo se dá quando os serviços beneficiam diretamente o tomador, como o caso dos trabalhadores em serviços de atendimento a clientes (*call centers*). Quando os serviços são realizados de forma interposta, temos que o trabalho realizado não se destina aos próprios prestadores, mas sim ao tomador, que deles se beneficia. Nota-se, nessa breve descrição, que esse processo é totalmente incompatível com os fundamentos do cooperativismo, pois a atividade realizada pelos cooperados deve destinar-se à própria cooperativa e em benefício recíproco dos cooperados. Por esse conceito, já se nota a total inviabilidade de se utilizar uma cooperativa como intermediadora de mão de obra, independentemente da atividade que está sendo objeto dessa interposição. Aliás, neste sentido a nova Lei das Cooperativas de Trabalho (Lei n. 12.690, de 19 de julho de 2012) que expressamente, na norma de seu art. 5º, determina que a Cooperativa de Trabalho não pode ser utilizada para intermediação de mão de obra subordinada. Afinal, em uma cooperativa autêntica, os cooperados são pessoas envolvidas reciprocamente, que se obrigam a contribuir com bens ou serviços para o exercício de uma atividade econômica, em proveito comum, sem o objetivo de lucro (art. 2º da Lei n. 12.690, de 19 de julho de 2012).

Isso nos remete a outro aspecto peculiar que envolveria eventual interposição de mão de obra por cooperativa de trabalho: quando há a contratação de uma intermediadora de mão de obra, o pagamento feito a esta pela tomadora de serviços não representa, exatamente, o valor devido pelos serviços — os trabalhadores recebem muito menos do que é pago à sua empregadora, e a diferença correspondente representa o lucro da intermediadora, com o que ela fomenta sua atividade econômica. Só que isso é inimaginável em se tratando de uma cooperativa, já que os exaustivamente consagrados pressupostos de sua constituição privilegiam o solidarismo entre os cooperados, de maneira que cada um recebe a exata medida proporcional daquilo com o que colabora para o bem comum, e por isso é totalmente impensável imaginar-se que uma sociedade cooperativa, ou mesmo algum cooperado possa obter resultado lucrativo do trabalho dos demais.

Por esses motivos é que, no caso analisado, a relação de emprego é patente, seja pela incompatibilidade do cooperativismo com a interposição de mão de obra, seja pelo fato de que os cooperados executam atividade--fim do tomador e, inclusive, recebem subordinação direta dos encarregados dele. Assim, existe relação de emprego diretamente com o tomador, consoante o princípio da primazia da realidade, que permite a configuração jurídica do contrato de emprego com ele, efetivo beneficiário da força de trabalho, em uma relação que preenche os pressupostos da empregatícia. Embora essa indagação não esteja expressa na questão, a situação permite a declaração judicial do vínculo de emprego com o tomador, inclusive esteando-se na já citada Súmula n. 331 do TST.

Dessa conclusão resulta naturalmente a resposta à segunda indagação da questão: havendo, no caso, relação de emprego com a tomadora de serviços, essa é integralmente responsável por todos os atributos decorrentes do contrato de trabalho, inclusive aqueles que vierem a derivar de um eventual acidente. Nos termos do art. 7º, inciso XXVIII, da CF, o empregador responde pelos danos causados ao empregado, devendo indenizá-lo, pagando-lhe importâncias compensatórias pelos prejuízos materiais e morais que venha a ter.

Com relação à terceira pergunta, o Código Civil de 2002 trouxe uma significativa inovação no que diz respeito ao tratamento legal das cooperativas, pois em seus arts. 1.093 a 1.095 regulou as ali nominadas "sociedades cooperativas". O texto legal traçou apenas as linhas essenciais da sociedade cooperativa, não descendo, porém, a minúcias. Mas um dado interessante trazido pelo Código foi o fato de, ao sistematizar as cooperativas com a qualificação de "sociedades", definir claramente seu caráter, como está expresso no art. 982, parágrafo único, do CC.[2] Assim, sociedade empresária é a pessoa jurídica que se dedica à exploração de atividade própria de empresário submetido obrigatoriamente a registro, voltada para a produção ou circulação de bens ou serviços. Já as sociedades simples, nas quais se enquadram as cooperativas, são todas as sociedades que não se enquadrarem na definição de sociedade empresária, tendo como objetivo a exploração da atividade econômica de cunho específico.

Tal distinção ganha absoluta relevância porque o Código distinguiu, de modo preciso, as sociedades das associações, estatuindo que essas são as que não exercem, de qualquer forma, atividade econômica. Já as sociedades, conforme os conceitos que vimos, são as que efetivamente exploram atividade econômica. Disso decorre que, desde a vigência do Código, não é pertinente chamarmos as cooperativas de "associações",

---

(2) "Independentemente de seu objeto, considera-se empresária a sociedade por ações; e simples, a cooperativa."

pois a esta destina-se uma concepção específica, incompatível com o tratamento dado às cooperativas, que estão inseridas no conceito de "sociedades". E, de outro lado, resta induvidoso que uma cooperativa sempre tem como pressuposto uma atividade econômica, ainda que esse conceito não possa ser confundido com atividade lucrativa, o que seria incompatível com o cooperativismo. Dessa maneira, é incorreto afirmar--se, segundo a dinâmica do Código Civil vigente, que a cooperativa é uma empresa, mas sim uma sociedade simples, cujo tratamento é bem distinto das sociedades empresárias, apesar de ambas se distinguirem das associações pelo fato de que, ao contrário destas, aquelas sempre têm atividade econômica.

3) O empregado pode se recusar a ser promovido no emprego ou a promoção é direito potestativo do empregador, que poderá até mesmo puni-lo por ato de indisciplina ou insubordinação?

O tema proposto na questão faz referência a uma das mais importantes alterações objetivas qualitativas que se verificam no contrato de trabalho — a alteração de função decorrente de promoção do empregado. Nesse sentido, a análise da validade da recusa do empregado à promoção não prescinde da análise dos princípios que norteiam as alterações objetivas promovidas no curso do contrato mantido entre o obreiro e o empregador.

O primeiro princípio juslaboral a reger o tema é enunciado pela doutrina como Princípio da Inalterabilidade Contratual Lesiva, que tem origem no princípio geral do Direito Civil da inalterabilidade dos contratos — *pacta sunt servanda*. Contudo, é importante reconhecermos que, mesmo no Direito Civil, o princípio da inalterabilidade contratual sofreu atenuações com o novo estuário de 2002, que estabelece a *função social do contrato* e a exigência da *boa-fé objetiva* nas relações jurídicas, determinante de deveres acessórios de cooperação, lealdade e proteção da confiança, estabelecendo padrões de conduta permeados por uma forte noção ética, limitando o exercício de direitos subjetivos.

Na seara específica do Direito do Trabalho, com mais razão, a regra geral da inalterabilidade contratual não é absoluta. Primeiro, porque as alterações contratuais benéficas tendem a ser permitidas, conforme se extrai do texto do art. 468 da CLT. Segundo, porque em razão das características próprias do contrato de emprego, a sua execução não dispensa a observância dos deveres de cooperação, lealdade e proteção da confiança.

O segundo princípio juslaboral a ser considerado informa a possibilidade de o empregado resistir e se opor, validamente, a alterações ou determinações ilícitas do empregador, exercendo o seu legítimo direito de resistência. Por esse direito, ele estará desobrigado de aceitar imposições feitas pelo seu empregador, que demonstrem, de alguma maneira, qualquer traço de ilicitude ou ilegitimidade. Vale observar que o art. 483 da CLT permite ao trabalhador que postule a rescisão indireta do contrato de trabalho quando, p. ex., forem-lhe exigidos serviços estranhos ao contrato ou superiores às suas forças.

Feitas estas considerações preliminares, é necessário passarmos à análise da situação concreta proposta na questão. Nesse sentido, a promoção deve ser entendida como a alteração da função do empregado, que passa a exercer as funções inerentes a um cargo superior, com inequívocas vantagens, observada a estrutura de cargos e salários existente na empresa. Trata-se, assim, de modificação objetiva das condições contratuais.

Com isso, observamos que, se a promoção não traduzir vantagens ou implicar em prejuízo ao empregado, poderá ser validamente recusada por este, incidindo na hipótese o princípio da inalterabilidade contratual lesiva, consubstanciado no já citado art. 468 da CLT. A resistência do empregado, na hipótese, é legítima, não sendo possível reconhecer a existência de um direito potestativo do empregador ao determinar uma alteração contratual que não represente qualquer benefício ao empregado. É certo que o prejuízo experimentado pelo empregado não deverá necessariamente estar relacionado ao contrato de trabalho, admitindo-se que prejuízos de ordem social, familiar ou psicológica também justifiquem a recusa obreira.

Por outro lado, verificando-se que haverá a atribuição de vantagens ao obreiro em decorrência da promoção, temos duas situações distintas a levar em conta, o que balizará a solução para a questão formulada. A primeira é aquela que se dá em empresa que possua uma estrutura de cargos e salários com previsão de promoções por merecimento e antiguidade. Nessa hipótese, entendemos que a promoção é um direito do empregado, mas também representa um dever a ele imposto, ambos decorrentes do contrato de trabalho, que lhe atribuiu a obrigação de manter-se em conduta proba, leal e de cooperação, com preservação da confiança. Nesta hipótese, a recusa somente será legítima se for devidamente justificada.

Em outro sentido, não existindo na empresa qualquer estrutura ou organização de cargos e salários, com previsão de promoção aos empregados, entendemos que a recusa a promoção será válida, ainda que não justificada porque, no caso, o contrato de emprego não determinou qualquer expectativa às partes, não sendo possível reconhecer-se a quebra da confiança ou do dever de lealdade e cooperação.

Com isso, podemos concluir que a promoção não é um direito potestativo do empregador, visto que assim se entendem aqueles de caráter impositivo, que sujeitam a parte contrária sem a correspondência de um dever jurídico. Assim, não se admite a prerrogativa jurídica de imposição unilateral de alteração de função pelo empregador com sujeição obrigatória do empregado, de maneira que, mesmo na hipótese da existência de uma estrutura de cargos e salários na empresa — em que entendemos que a recusa injustificada do empregado é ilegítima — não admitimos a possibilidade de ruptura contratual por justa causa obreira, tipificada como ato de indisciplina ou de insubordinação. O empregado que recusa injustificadamente a promoção, na hipótese mencionada, descumpre deveres acessórios ao contrato de trabalho, mas não comete falta grave. A recusa injustificada poderá até ser reconhecida como justo motivo para a rescisão do contrato de trabalho pelo empregador, na modalidade de dispensa motivada (não arbitrária), mas não como falta grave do empregado, determinante de ruptura contratual por justa causa.

4) Quais os fundamentos jurídicos da responsabilidade civil do empregador na hipótese de acidente de trabalho sofrido pelo empregado? É aplicável o disposto no art. 927, parágrafo único, do Código Civil? Justifique.

A Constituição Federal de 1988, dentre os direitos dos trabalhadores insculpidos no art. 7º, prevê, expressamente, o direito ao "seguro contra acidentes de trabalho, a cargo do empregador, sem excluir a indenização a que está obrigado, quando incorrer em dolo ou culpa". Nesse sentido, a regra constitucional estabelece o elemento culpa como fundamento jurídico ao dever de reparar o dano causado ao empregado em decorrência de acidente do trabalho. Em outros termos: responsabilidade subjetiva para a reparação civil pelo acidente do trabalho.

Contudo, mesmo antes do advento do novo Código Civil, juristas de renome já defendiam a aplicação da responsabilidade objetiva do empregador para a reparação civil do dano decorrente do acidente do trabalho, com fundamento na denominada teoria do risco da atividade, apoiada em diversas previsões normativas da própria Constituição — art. 21, XXIII, c (danos nucleares); art. 225, § 3º (danos ao meio ambiente) — e também previsões normativas de diplomas infraconstitucionais — art. 14, § 1º, da Lei n. 6.938/81 (danos ao meio ambiente) e art. 14 do Código de Defesa do Consumidor.

Com a entrada em vigor do novo Código Civil, a discussão voltou à tona, em razão da previsão expressa no art. 927 do citado diploma, reconhecendo-se ali a responsabilidade objetiva, independente de culpa, quando a atividade normalmente desenvolvida pelo autor do dano implicar, por sua natureza, risco para os direitos de outrem.

Com efeito, parcela da doutrina e da jurisprudência não têm admitido a aplicação do art. 927 do Código Civil e a adoção da responsabilidade objetiva do empregador nas hipóteses de danos causados em razão de acidente do trabalho, sob o singelo argumento de que a Constituição, ao cuidar do tema, foi expressa no sentido de que o empregador somente está obrigado a reparar o dano na hipótese de incorrer em dolo ou culpa. Assim, não caberia à norma infraconstitucional criar uma responsabilidade objetiva do empregador, ampliando os limites traçados pela Constituição.

Contudo, entendemos que tal argumento não pode prevalecer. Ao estabelecer a responsabilidade pela reparação do dano causado no caso de acidente do trabalho, a Carta Constitucional não deferiu um direito ao empregador, mas sim conferiu aos empregados garantias mínimas de proteção do trabalho, dentre elas o direito a indenização quando o seu empregador agir com dolo ou culpa. Isso é o que se extrai do *caput* do citado art. 7º, que assinala a premência daqueles direitos ali arrolados, sem prejuízo de outros que visem à melhoria de sua condição social. Nesse contexto, é natural que os direitos constitucionais sejam considerados como garantias mínimas, que podem sempre ser ampliadas por normas que lhe beneficiem os trabalhadores. Assim, o que se garante constitucionalmente, no mínimo, é a indenização por dolo ou culpa do empregador, sendo viável o reconhecimento do direito à indenização independente da presença destes fatores, pela aplicação da teoria do risco da atividade, hoje expressamente prevista no art. 927 do Código Civil, na condição de norma mais benéfica ao empregado e ampliativa de seu direito constitucional mínimo.

Em razão do elemento alteridade, presente nas relações de trabalho, é o empregador quem assume exclusivamente os riscos da atividade econômica, e esse fato é que determina que ele responda objetivamente pelos danos causados aos seus empregados em razão de acidente de trabalho sofrido. Não se trata apenas de aplicar a norma do art. 927 do CC, mas de interpretar a Constituição sistematicamente, reconhecendo a possibilidade de incidência de outros direitos que visem a melhoria de sua condição social, sobretudo os que determinem "a redução dos riscos inerentes ao trabalho". Nesse contexto, vale destacar que a mesma Carta Constitucional também reconhece que a ordem econômica é fundada na valorização do trabalho humano, assegurando a todos uma existência digna, conforme os ditames da justiça social e que a dignidade da pessoa humana e os valores sociais do trabalho são princípios fundamentais da República. Esses elementos, a nosso ver, autorizam de forma plena o uso efetivo do disposto no art. 927 do Código Civil, sem lançar-lhe a mácula da inconstitucionalidade, e sem fazer prevalecer a necessidade de prova da culpa do empregador para configurar sua responsabilidade por acidentes ocorridos no trabalho.

5) **Lucas foi estagiário de engenharia no setor de usinagem de uma empresa metalúrgica. Ao término do estágio, cujo contrato seguiu fielmente as formalidades legais, ajuizou reclamação trabalhista — não para caracterização do vínculo, mas, apenas, para pleitear o pagamento de adicional de insalubridade que entende devido. Discorra sobre a viabilidade de sucesso desta demanda à luz da legislação vigente abordando, inclusive, a competência da Justiça do Trabalho para dirimir este conflito.**

A descrição da ação apresentada evidencia a existência um contrato de estágio, sendo certo que o litígio não questiona a validade substancial do referido contrato, que teria suas formalidades legais devidamente respeitadas. Portanto, analisa-se um contrato típico de estágio, conformado segundo a Lei n. 11.788/2008. O contrato de estágio constitui uma modalidade especial de contrato de trabalho — e não de contrato de emprego — cuja execução compreende a prestação de um trabalho de natureza complexa. Com efeito, o estágio é considerado um *ato educativo escolar supervisionado*, desenvolvido no ambiente de trabalho, tendo como objetivo a preparação do estudante para o trabalho produtivo. Assim, embora se consume mediante a prestação de serviços a um certo tomador, o estágio faz parte do projeto pedagógico do curso, integrando o itinerário formativo do estudante, já que a sua finalidade é assegurar o aprendizado de competências próprias da atividade profissional e à contextualização curricular, objetivando o desenvolvimento do educando para a vida cidadã e para o trabalho.

Segundo a Lei n. 11.788, o estágio se destina a estudantes de ensino regular em instituições de educação superior, de educação profissional, de ensino médio, da educação especial e dos anos finais do ensino fundamental, na modalidade profissional da educação de jovens e adultos. Pode ser obrigatório ou não, consoante as determinações curriculares que envolvem o projeto pedagógico do curso frequentado, sendo considerado obrigatório aquele cujo projeto estabelece como requisito para aprovação e obtenção de diploma o cumprimento de determinada carga horária em atividades de estágio. É o caso típico dos estudantes de Direito, para os quais a regulação normativa estipula a obrigatoriedade de horas mínimas de atividade prática, na modalidade de estágio. Trata-se, ainda, de uma atividade que, a despeito de ser prestada a um determinado tomador de serviços — chamado, mais apropriadamente, de *parte concedente*, pela norma —, deve ser supervisionada tanto por este como também por professor orientador da instituição de ensino do educando (art. 3º, § 1º, da Lei n. 11.788).

Por se tratar de modalidade especial de trabalho e com destinação específica, como já explicado, o contrato de estágio regularmente conformado não configura relação empregatícia. Efeito absolutamente inverso ocorre quando há o descumprimento dos requisitos formais do contrato de estágio, como expõe o § 2º da lei do estágio. Nesse caso, há a configuração da relação de emprego, tanto para fins trabalhistas como para fins previdenciários, o que dá ensejo à aplicação de todo o regime próprio dos trabalhadores regulares.

Não sendo, no entanto, hipótese de descaracterização do contrato de estágio — como é o caso da situação apresentada —, ao estagiário são devidas apenas as garantias prescritas pela Lei n. 11.788. Nesse sentido, o regime do estágio preconiza ao estagiário apenas alguns direitos, como a limitação da jornada de trabalho (art. 10), a possibilidade de concessão de bolsa ou outra forma de contraprestação (art. 12); a obrigatoriedade da bolsa ou auxílio transporte, em casos de estágio não obrigatório (art. 12), além da possibilidade de receber outros auxílios, sem configuração de relação empregatícia (art. 12, § 1º). Também se assegura ao estagiário a inscrição como segurado facultativo da Previdência Social (art. 12, § 2º) e o direito a um recesso remunerado — caso haja percepção de bolsa —, de 30 dias (por contratos de um ano ou mais, sendo proporcionais para contratos inferiores), preferencialmente gozado durante as férias escolares (art. 13). Por fim, o art. 14 da lei aponta como aplicável ao estagiário a "*legislação relacionada à saúde e segurança no trabalho, sendo sua implementação de responsabilidade da parte concedente do estágio*".

Aqui reside, propriamente, a questão suscitada no problema. Com efeito, apesar de se tratar de regime de trabalho específico, sem caracterização da relação empregatícia, permite-se ao estagiário postular o direito ao adicional de insalubridade? Em nosso entender, essa pretensão é plenamente passível de ser atendida. Afinal, apesar de ter apenas algumas garantias legais, tem-se que ao estagiário é assegurada a aplicação das normas relativas à saúde e segurança no trabalho, como explicitado pelo art. 14 da Lei n. 11.788/08. Essa determinação permite a incidência de qualquer classe normativa, haja vista que a vinculação realizada pelo legislador é *temática*, ou seja, relaciona a aplicabilidade dos dispositivos ao tipo de tema por eles tratado. Logo, tem-se que a dimensão do uso supletivo autorizado pela lei alcança desde as normas constitucionais até as de caráter regulamentar, como as NRs do Ministério do Trabalho.

Assim, considerando-se que o adicional de insalubridade é garantido pela ordem constitucional, nos termos das normas infraconstitucionais (CLT e NRs), tem-se que há pertinência teórica da pretensão do adicional formulada no problema, com amparo no art. 14 da Lei n. 11.788. Isso porque a inobservância das diretrizes de proteção à saúde e segurança, de modo a acarretar o labor de forma insalubre, tem como resultado o direito ao adicional compensatório, ainda que o trabalhador não seja empregado. Afinal, não faria sentido a aplicação das normas determinantes de condutas a serem respeitadas pela parte concedente do estágio, sem que houvesse a definição do elemento consequente, em casos de descumprimento, como é o caso do adicional.

Cabe ressalvar que essa proposição é, repita-se, teórica, e apenas se situa no plano da incidência das normas em questão ao caso concreto, eis que são regras atinentes à saúde e segurança. Isso porque, no âmbito concreto, a procedência ou não do pedido do adicional depende, em primeiro lugar, da descrição das condições de trabalho executadas — não presentes na questão — para verificação da existência de sua tipificação normativa, para ensejar a condição insalubre. Em segundo lugar, a aferição da insalubridade também depende da análise técnica do local de trabalho para avaliação do enquadramento das condições efetivamente realizadas em qualquer das hipóteses normativas, sendo certo que essa apuração — feita por prova pericial — é obrigatória. Abstratamente, no entanto, tem-se como possível o pleito do adicional eis que a incidência normativa das regras protetivas à saúde e segurança do trabalhador é imperativa também aos estagiários.

No que diz respeito à competência jurisdicional para a apreciação desse conflito, tem-se que o tema encontra possível resistência a partir do alcance que se pode emprestar ao disposto no inc. I do art. 114 da Constituição. Com efeito, o texto em vigor confere à Justiça do Trabalho a competência para a apreciação das *ações oriundas da relação de trabalho*, mas há relativa dificuldade teórica de se compreender o efetivo alcance dessa expressão final do dispositivo legal. Em um sentido próprio do Direito do Trabalho, tem-se que a relação de trabalho é um gênero, que engloba toda e qualquer relação jurídica cujo objeto é a prestação de serviços, tendo como uma de suas espécies a própria relação empregatícia. Com tal vertente, alguns intérpretes têm considerado que a totalidade das relações jurídicas abarcadas por esse conceito está inserida na nova competência material trabalhista, o que pode até mesmo abarcar relações tipicamente de consumo, como é o caso do contrato de transporte. Nessa situação, a relação jurídica substancial é consumerista, nada obstante o cerne do pacto seja a prestação de serviços, incluindo-se no contexto de jurisdição laboral.

Outros, no entanto, discordam de tal elasticemento, buscando critérios de racionalização da competência laboral, de modo a interpretar o dispositivo sem retirar da Justiça do Trabalho o condão de sua especialidade. Para tanto, formulam conceitos de exegese que podem compreender a expressão *relação de trabalho* como sendo, na realidade, *relação de emprego,* o que significa que o texto constitucional não teria obtido qualquer modificação substancial com a Emenda n. 45, ao menos no que diz respeito ao seu inciso I. Assim, por essa vertente, são passíveis de apreciação trabalhista somente os conflitos que versam exclusivamente sobre a relação empregatícia. Há, todavia, os que interpretam o tema de maneira distinta, ainda que de forma restritiva. São os que procuram inserir no conceito de relação de trabalho, para fins de competência material, uma análise que permita a aproximação das situações dos prestadores àquelas típicas dos empregados. Dessa forma, só seriam de competência trabalhista as ações que versem sobre relações de trabalho nas quais há elos de identidade entre a condição do prestador de serviços e a condição própria dos trabalhadores sujeitos à relação de emprego, como, p. ex., a pessoalidade ou a prestação de serviços por conta alheia.

Tratando-se de conflito interpretativo, não se pode afirmar, ainda, a predominância de um ou de outro sentido, sobretudo porque a jurisprudência ainda não se consolidou por completo. O STF apenas retirou da incidência do inc. I as figuras de servidores públicos regidos por regime estatutário, nada tendo decidido a respeito de outras figuras que pudessem dar indícios de qual seria sua interpretação para o texto normativo. Já no plano do STJ — a quem compete resolver os conflitos de competência entre órgãos da Justiça Comum e da Justiça do Trabalho —, tem prevalecido a análise eminentemente restritiva, tendo a Corte já se pronunciado sobre a competência da Justiça Ordinária para julgar ações de representantes comerciais e de profissionais liberais contra os tomadores de seus serviços[3], temas que, em análise mais ampla, poderiam ser incluídos no inc. I, do art. 114 da CF. O próprio TST tem proferido decisões consonantes com esse pensamento, afastando, p. ex., a competência trabalhista para a apreciação de ações de cobrança de honorários profissionais por advogados.

Dito isto, o enfrentamento da questão da competência material para analisar o conflito hipotético, entre o estagiário Lucas e a indústria metalúrgica, irá depender da linha interpretativa que se adota, conforme já exposto. Em nosso entender, há fatores que justificam a competência da Justiça do Trabalho para a análise do conflito. Isso porque, embora não concordemos com a tese ampliativa da competência, compreendemos que a expressão "relação de trabalho" deve ser compreendida de forma a preservar a especialidade da Justiça do Trabalho. Assim, temos ser de fundamental importância que o Judiciário trabalhista tenha competência para apreciar todos os conflitos derivados de prestações de serviços que, por sua natureza, guardem similitude com o labor de empregados, justamente para preservação da unidade de convicção, além do resguardo dos temas próprios de sua especialidade.

---

(3) "COMPETÊNCIA. CONTRATO. REPRESENTAÇÃO COMERCIAL. A Seção reiterou o seu entendimento e afirmou ser competente a Justiça comum estadual para processar e julgar as causas que envolvam contratos de representação comercial, mesmo após o início da vigência da EC n. 45/2004. Isso ocorre em razão de, na representação comercial, não haver subordinação, que é um dos elementos da relação de emprego." Precedente citado: CC 60.814-MG, DJ 13.10.2006. CC 96.851-SC, Rel. Min. Carlos Fernando Mathias, julgado em 11.2.2009.
Súmula n. 363/STJ — "Compete à Justiça estadual processar e julgar a ação de cobrança ajuizada por profissional liberal contra cliente" (Corte Especial, em 15.10.2008).

Com esse fundamento, temos que a análise da aplicação dos preceitos do contrato de estágio se enquadra, apropriadamente, na referência às relações de trabalho feitas pelo inc. I, do art. 114 da CF, tanto pela natureza do trabalho realizado como, sobretudo, pela inequívoca remessa da própria lei reguladora aos preceitos tipicamente trabalhistas, como é o caso das normas de saúde e segurança no trabalho. Não vemos qualquer sentido o reconhecimento de que a análise dessas relações, que envolve matéria tipicamente trabalhista — ainda que a relação imanente não seja assim classificada — seja delegada a outra jurisdição, o que permitiria a ocorrência de multiplicidade de interpretações sobre o mesmo tema, proferida por Juízos distintos. Dessa forma, em nosso entendimento, a competência para a apreciação do conflito exposto é da Justiça do Trabalho.

DIREITO PROCESSUAL DO TRABALHO

6) O Município, em decisão acobertada pela coisa julgada, foi condenado pela Vara do Trabalho no pagamento de gratificação por tempo de serviço a servidor contratado pelo regime da Consolidação das Leis do Trabalho, com fulcro em lei local. Iniciada a execução, em sede de embargos, o Município informa a declaração da inconstitucionalidade da lei na qual está respaldado o julgado exequendo, por decisão do Tribunal de Justiça do Estado, requerendo a decretação da extinção da execução. Faça a análise sistemática da situação ora enfocada, com a apresentação de posicionamento jurídico final.

A coisa julgada material torna imutável a sentença e seus efeitos substanciais, conferindo segurança e estabilidade às relações jurídicas atingidas pelos efeitos da sentença de mérito: daí a grande relevância social do instituto, que a Constituição assegura (art. 5º, inciso XXXVI) e a lei processual disciplina (arts. 467 e seguintes). Contudo, a doutrina processual moderna reconhece que o valor da segurança jurídica não é absoluto, nem o é, portanto, a garantia da coisa julgada, pois ambos devem conviver com o valor da justiça das decisões, garantido, também, constitucionalmente, pelo acesso à justiça (art. 5º, inc. XXXV).

Partindo dessa premissa, veio a lume a teoria da relativização da coisa julgada que, em síntese, afirma que mesmo as sentenças de mérito só ficam imunizadas pela autoridade da coisa julgada quando forem dotadas de uma imperatividade possível, não merecendo imunidade de efeitos aquelas que enunciem resultados materialmente impossíveis ou as que, por colidirem com valores éticos, humanos ou políticos, amparados constitucionalmente, sejam portadoras de uma impossibilidade jurídico--constitucional. Desta forma, para os defensores da teoria da relativização não há justificativa que legitime a perenização de inconstitucionalidades de extrema gravidade, ainda que em prejuízo da perenização dos conflitos.

Assim, as sentenças de mérito transitadas em julgado, e que afrontam valores constitucionais ou que foram calcadas em norma inconstitucional, não obstante o decurso do prazo legal da ação rescisória, admitem impugnação por diversos meios como enunciam os defensores da relativização da coisa julgada. Dentre eles, a propositura de nova demanda igual à primeira, desconsiderada a coisa julgada, bem como a resistência à execução, por meio de embargos ou mediante alegações incidentes ao próprio processo executivo. Admite-se, ainda, a alegação incidental em algum outro processo, inclusive em peça defensiva e também a ação declaratória de nulidade absoluta e insanável de sentença. Pelos meios processuais utilizáveis, o Poder Judiciário poderá reconhecer que a decisão juridicamente nunca existiu, por estar fundamentada em flagrante inconstitucionalidade, não se havendo de falar em atentado à segurança jurídica, vez que esta não se poderá assentar em confronto com a Carta Constitucional.

Não podemos deixar de observar que o Código de Processo Civil apresenta uma figura peculiar, inicialmente inserida por força da Medida Provisória n. 2.180-35/2001, e que foi, desde a vigência da Lei n. 11.232/05, consolidada dentro da legislação processual. Trata-se da chamada inexigibilidade de título judicial fundado em lei ou ato normativo declarados inconstitucionais pelo Supremo Tribunal Federal, ou fundado em aplicação ou interpretação da lei ou ato normativo tidas pelo Supremo Tribunal Federal como incompatíveis com a Constituição Federal. Essa disposição está presente no § 1º do art. 475-L e no parágrafo único do art. 741 do CPC, e em ambos os casos, com a mesma função: estatuir a possibilidade de que seja arguida a inexigibilidade de um título judicial, em embargos da Fazenda Pública ou em impugnação do devedor, mediante as condições neles expostas. A mesma hipótese está presente no § 5º do art. 884 da CLT, igualmente inserido pela Medida Provisória n. 2.180-35, permitindo que o tema seja suscitado em embargos à execução processada em reclamação trabalhista.

Dessa forma, se se tratasse de norma tida como inconstitucional pelo STF, não há dúvidas de que a matéria posta nos embargos permitiria que a execução fosse extinta, exatamente com base na inexigibilidade do título, amparada pelo art. 741, II, do CPC, que trata dos embargos opostos na execução contra a Fazenda Pública. No entanto, a hipótese apresentada na questão é um tanto distinta. Trata-se, com efeito, de norma declarada inconstitucional pelo Tribunal de Justiça do Estado, o que não se enquadra, estritamente, no caso disciplinado pelas regras processuais apontadas. No geral, consideramos que a disciplina legal enfocada representa um mecanismo de *flexibilização da coisa julgada*, pois permite que se oponham objeções ao cumprimento de um título executivo judicial, ou seja, admite que seja rechaçado o comando sentencial já transitado em julgado, e independentemente de ação rescisória, pois isso se faz no curso da execução ou do cumprimento da sentença. Sob o prisma lógico-formal, temos que esse dispositivo é claramente ofensivo ao disposto no inc. XXXVI, do art. 5º da Constituição, pois a lei não pode criar situações que impliquem na ofensa à coisa julgada. No entanto, não ignoramos que, conforme está acima exposto, vem tomando corpo a teoria que defende a relativização da coisa julgada, e muito dela se funda na necessidade de organicidade no sistema normativo nacional e em preceito fundamental que não permitiria a perenização de decisões tidas como injustas — ou mesmo as inconstitucionais.

Com esse foco, temos que o intento do legislador, na inserção desses dispositivos, é a de não permitir que decisões judiciais fundadas em normas tidas como inconstitucionais pelo Supremo Tribunal Federal possam ser cumpridas, do modo que, nos parece haver uma grande tendência no sentido de que sejam os mesmos preservados, como forma de asseguramento de equidade — inclusive porque outros cidadãos não poderão se beneficiar de decisões similares, após o reconhecimento da inconstitucionalidade da norma. No caso em exame, porém, por se tratar de situação diferente daquela exposta nas normas invocadas, há duas possibilidades interpretativas. A primeira é restritiva, considerando que, pela natureza da disposição legal, não admite que se lhe interprete de forma ampliada; com esse enfoque, a invocação da inexigibilidade do título só poderia ser feita na estrita hipótese consagrada pelas normas, o que retiraria a possibilidade de seu reconhecimento para o problema exposto pela questão.

Outra corrente de interpretação, no entanto, tenderia a valorizar o aspecto doutrinário da questão, antes enunciado. Lembremos que o instituto da relativização da coisa julgada não tem regulação própria, sendo os dispositivos legais indicados as únicas referências normativas existentes no ordenamento. Dessa sorte, para os que assim entendem, o acolhimento dessa relativização não depende de estipulação legal, sendo algo admissível mesmo em casos para os quais inexiste qualquer disciplina regulatória. Com esse enfoque, e pelos fundamentos que justificam a relativização da coisa julgada, entendemos que a situação hipotética lançada na questão admite plenamente reconhecimento da extinção da execução, eis que a função concentrada de controle de constitucionalidade realizada pelos Tribunais de Justiça está em perfeita consonância com a atribuição similar do STF, diferenciando-se apenas quanto ao âmbito de sua abrangência: enquanto o Supremo realiza o controle com relação à Constituição Federal, os Tribunais de Justiça o fazem com relação às Constituições dos Estados.

7) Ação civil pública. a) Conceitue direitos e interesses difusos, coletivos e individuais homogêneos na esfera trabalhista. b) Existe integração entre o art. 2º da Lei de Ação Civil Pública e o art. 93 e seus incisos do Código de Defesa do Consumidor? c) O inciso II do art. 93 do Código de Defesa do Consumidor trata de competência concorrente? d) Comente o posicionamento do C. TST ante os temas acima.

Os direitos ou interesses difusos, coletivos e individuais homogêneos representam três dimensões distintas de direitos ou interesses metaindividuais, admitindo, portanto, a defesa judicial coletiva. Nesse sentido, não se verifica distinção teórica relevante entre tais interesses na esfera trabalhista e outros ramos jurídicos, senão distinções meramente casuísticas.

Consideram-se difusos os interesses de natureza indivisível e que perteçam de maneira idêntica a uma pluralidade indeterminada de sujeitos que se vinculam apenas por circunstâncias fáticas. Na seara trabalhista, os interesses difusos podem ser verificados, por exemplo, em situações que envolvam cooperativas fraudulentas. Nesses casos, a Ação Civil Pública visa a desconstituição da sociedade irregularmente formada ou a proibição da interposição de mão de obra, não sendo possível determinar os titulares do interesse, protegendo-se, em verdade, a generalidade dos trabalhadores e do próprio mercado de trabalho, e não apenas os trabalhadores que aderiram a cooperativa. No mesmo sentido, tem-se interesses difusos quando o objetivo da Ação Civil Pública é a repressão à prática de trabalho escravo — ou, de forma mais adequada, quando há apropriação de trabalho em condições análogas à de escravo — pelos mesmos fundamentos.

Já os interesses coletivos, ao seu turno, também de natureza indivisível, pertencem a uma categoria determinada ou determinável de pessoas ligadas por uma mesma relação jurídica-base e não apenas por circunstâncias fáticas. Na esfera trabalhista, identificamos tais interesses nas coletividades compostas por empregados de uma determinada empresa ou de uma determinada categoria profissional e verificamos, por exemplo, a possibilidade da propositura de Ação Civil Pública cuja pretensão seja a adequação do meio ambiente de trabalho em determinada empresa.

Por sua vez, os interesses individuais homogêneos, decorrentes que são de origem comum, apresentam natureza divisível e, portanto, podem ser defendidos individualmente pelo titular do direito, ou coletivamente em razão da sua origem comum. A homogeneidade do direito ou interesse e a sua origem comum é que autorizam a sua tutela coletiva. Podemos identificar tais direitos na esfera trabalhista em Ações Civis Públicas que tenham por objeto, exemplificativamente, a indisponibilidade de bens da pessoa jurídica, visando assegurar a garantia de créditos trabalhistas em situações de insolvência da empregadora.

Quanto à competência territorial para julgamento das lides na defesa de interesses metaindividuais verificamos, *a priori,* a compatibilidade entre os dispositivos legais da Lei n. 7.347/85 — Lei da Ação Civil Pública — e àqueles da Lei n. 8.078/90 — Código de Defesa do Consumidor —, na medida em que temos como regra a determinação da competência pelo local onde ocorreu ou deva ocorrer o dano. Assim, imperioso reconhecer a necessidade de integração dos dois dispositivos legais na determinação do alcance da decisão judicial acerca de lides que envolvam direitos metaindividuais de repercussão nacional ou territorial.

Nesta esteira, o C. TST em setembro de 2012, alterando a redação da OJ n. 130 da SBDI II, reconheceu que "a competência para a Ação Civil Pública fixa-se pela extensão do dano e em caso de dano de abrangência regional, que atinja cidades sujeitas à jurisdição de mais de uma Vara do Trabalho, a competência será de qualquer das varas das localidades atingidas, ainda que vinculadas a Tribunais Regionais do Trabalho distintos". E mais, em caso de dano de abrangência suprarregional ou nacional, há competência concorrente para a Ação Civil Pública das Varas do Trabalho das sedes dos Tribunais Regionais do Trabalho, estando prevento o juízo a que a primeira ação houver sido distribuída.

8) Discorra sobre as correntes que tratam da aplicabilidade da prova obtida por meio ilícito no Processo do Trabalho.

As provas são meios destinados à caracterização dos fatos articulados pelas partes no processo, que servem como fundamento para justificar as suas respectivas pretensões. Em seus arrazoados, cada litigante apresenta os fatos de maneira consonante com seus interesses, e quando esses fatos são controvertidos, surge a necessidade de se fazer a prova da sua ocorrência, como pressuposto para acolhimento de sua tese (de procedência ou de improcedência da pretensão).

A legislação processual trabalhista não trata, de forma sistemática, dos meios probatórios, cuidando apenas de disciplinar a forma de obtenção de algumas modalidades probatórias. É o Código de Processo Civil que disciplina, de maneira mais completa, o nível de admissibilidade das provas, adotando um critério bastante flexível. O art. 332 do Código aponta que *todos os meios legais*, bem como os moralmente legítimos, *ainda que não especificados neste Código*, são hábeis para provar a verdade dos fatos, em que se funda a ação ou a defesa. Assim, assimila a norma processual comum um critério aberto, permitindo ao aplicador concreto do direito o uso de qualquer meio probatório, mesmo sem que haja especificação ou tipificação legal a esse respeito. Os limites para esse uso são estabelecidos pelo próprio aplicador, a quem compete formular o juízo de admissibilidade segundo o paradigma legal ("meios moralmente legítimos"), o que pode, naturalmente, variar de um para outro.

A temática pertinente à prova também encontra ressonância no sistema constitucional brasileiro, que reserva vários dispositivos para disciplinar os chamados princípios constitucionais de processo, situados como verdadeiras garantias fundamentais: tanto é assim que sua disciplina está situada no art. 5º da Carta, juntamente com outros direitos dessa mesma natureza. Assim, o inciso LVI de tal artigo aponta como inadmissíveis, no processo, as provas obtidas por meios ilícitos, criando mais um elemento limitador do uso probatório por parte do aplicador. Dessa forma, a ilicitude na obtenção da prova a desqualifica para o uso processual, diante do vício na origem do ato. Ressalte-se que o tema é, por diversas vezes, tratado de maneira imprópria, pois não é incomum falar-se em "prova ilícita" ao tratar da restrição constitucional. Todavia, a ilicitude capaz de contaminar a prova não recai sobre ela, em si, mas sim sobre os meios usados para sua obtenção. Essa distinção é importante visto que, pelo critério analisado, embora possa ser a prova lícita, o meio ilícito eventualmente utilizado para sua obtenção é quem restringe seu uso.

Em tal contexto, é de fundamental importância identificar-se o que seria, à luz desse dispositivo constitucional, uma prova ilicitamente obtida. A rigor, o preenchimento desse conceito nos leva à compreensão de que ele abarca todas as condutas que afrontem preceitos normativos de direito material ou processual e também aquelas que resultam na ofensa a garantias fundamentais asseguradas pela própria Constituição, como, p. ex., o sigilo de comunicações e correspondências; a intimidade e a vida privada do indivíduo; a inviolabilidade do domicílio, dentre outras. No entanto, há que se ter uma especial cautela na interpretação dos fatos que realmente representariam essa violação a garantias fundamentais. Isso porque uma análise superficial do tema pode levar a conclusões equivocadas sobre esse possível caráter ilícito do meio utilizado. O exemplo mais eficaz para ilustrar esse tema situa-se na gravação de conversas telefônicas mantidas entre duas ou mais pessoas. Em primeira análise a tendência do intérprete é a de reconhecer que essa prática representaria a utilização de meios ilícitos para aquisição da prova. No entanto, não é assim que tem entendido o STF, ao menos em parte das situações. Com efeito, o entendimento da Corte Superior está sedimentado no sentido de somente reconhecer a ilicitude na prática de apreensão da prova quando a gravação é feita por terceiro, teoricamente alheio à conversa. Nesse caso, sua prática ilícita não se situa na gravação, em si, mas no fato de estar violando o sigilo de comunicação entre outras pessoas (interceptação telefônica).

Essa a razão diferencial para não se considerar ilícita a prática de se gravar conversa telefônica da qual o próprio interlocutor participa. Nesse caso, não há ilicitude porque a suposta violação se dá por quem participou efetivamente do diálogo. Logo, não houve lesão ao sigilo das comunicações: o que se tem é que um dos participantes dessa comunicação decidiu documentá-la em documento sonoro e/ou visual. Desse singelo exemplo se nota que, a configuração da ilicitude do meio de aquisição da prova decorre estritamente da prática ou não de atos vedados pelo ordenamento jurídico e não necessariamente considerados condenáveis sob o ponto de vista ético. Logo, se não existe valor jurídico a ser preservado com a conduta, não se pode afirmar que a prova foi obtida por meio indevido.

O processo do trabalho tem debatido com regularidade a caracterização ou não da ilicitude na obtenção dos meios probatórios em situações nas quais o empregador tem acesso ao conteúdo de mensagens de correio eletrônico do empregado, abertas ou armazenadas em equipamentos da empresa. Há teorias que não admitem qualquer tipo de fiscalização por parte do empregador, justamente com foco na preservação de sua privacidade; outras sustentam a possibilidade de ser feita essa fiscalização, em razão do poder de direção do empregador, considerando-se o uso do equipamento da empresa, em horário de trabalho. Uma teoria intermediária, por seu turno, admite somente a fiscalização e o acesso a contas de correio eletrônico corporativos — ou seja, fornecidas pelo próprio empregador —, vedando o acesso a contas de caráter pessoal. Toda a discussão em torno desse tema, ainda longe de pacificação, envolve justamente a análise sobre a ocorrência ou não de ilicitude no ato do empregador, sem prejuízo das teorias relacionadas ao aproveitamento ou não da prova.

Com relação ao aproveitamento da prova obtida por meio ilícito, existem, essencialmente, três posicionamentos antagônicos, que agrupam, cada qual deles, as diversas teses que o assunto admite. A primeira tem como pressuposto o reconhecimento de que a prova guarda autonomia em relação à fonte da qual é produzida. Com esse entendimento, há desvinculação causal entre a prova e os meios pelos quais foi obtida, de modo que, ainda que sejam estes ilícitos, não são capazes de contaminar a prova colhida. Trata-se da fórmula também conhecida como *male captum, bene retentum*, cujo significado literal seria "mal colhida, mas bem conservada". Por essa teoria, os valores socialmente perseguidos justificariam que, especialmente diante da prática de crimes, seria aceitável o uso de provas ilicitamente obtidas para fundamentar a condenação do réu, em razão da necessidade de se reprimir condutas desaprovadas pela sociedade e tipificadas pela lei penal. O argumento principal em prol dessa teoria é relacionado ao interesse da Justiça e da sociedade em ver punido o infrator, o que seria suficiente para suprimir da prova o seu caráter ilegal.

Em um sentido diametralmente oposto situam-se os que rejeitam por completo o uso das provas obtidas por meios ilícitos. São os adeptos da chamada **teoria da ilicitude por derivação,** que também recebem o nome de **teoria dos frutos da árvore envenenada**, para quem o uso de meio não lícito para obtenção de provas macula por completo a possibilidade de sua utilização, em razão da contaminação que ela sofre em virtude da irregularidade na aquisição. Para estes, a ação persecutória do Estado não pode ser sustentada, em nenhuma hipótese, em elementos probatórios ilicitamente obtidos, sob pena de ofensa ao princípio do devido processo legal. Tal pensamento rechaça por completo a fórmula anterior, qualificada como autoritária, porque permite o atropelamento de garantias fundamentais em prol da função punitiva do Estado. Essa linha de pensamento é a que vem sendo adotada pelo Supremo Tribunal Federal, que tem interpretado que "a Constituição da República, em norma revestida de conteúdo vedatório (CF, art. 5º, LVI), desautoriza, por incompatível com os postulados que regem uma sociedade fundada em bases democráticas (CF, art. 1º), qualquer prova cuja obtenção, pelo Poder Público, derive de transgressão a cláusulas de ordem constitucional, repelindo, por isso mesmo, quaisquer elementos probatórios que resultem de violação do direito material (ou, até mesmo, do direito processual), não prevalecendo, em consequência, no ordenamento normativo brasileiro, em matéria de atividade probatória, a fórmula autoritária do *male captum, bene retentum*.[4]

Por fim, uma terceira linha de pensamento tem adotado uma posição intermediária entre as duas anteriormente expostas. Para os que assim advogam, a ilicitude do meio usado para coleta da prova não pode, em caráter preliminar, vedar o seu uso do mundo processual, devendo ser feita uma análise casuística do problema, a fim de se identificar a possibilidade ou não de se assim proceder. Para os que assim entendem, apenas as peculiaridades do caso concreto poderão estabelecer o melhor caminho a se traçar, tanto para se chegar ao afastamento da proibição, quanto para se concretizar a vedação das provas ilícitas no processo, independentemente do tipo de violação realizado para que fossem alcançadas. Nessa concepção, o intérprete deve se orientar pelas dimensões e particularidades do caso concreto, buscando a solução mais apropriada segundo os preceitos de proporcionalidade de razoabilidade, como critérios para resolução de colidência de direitos fundamentais.

Por certo que o debate complexo sinteticamente reproduzido é fomentado pelo fato de os exemplos mais evidentes envolverem matéria criminal, cujos fundamentos naturalmente encontram ressonância sociopolítica mais intensa. No plano do processo do trabalho, pela inexistência de lides criminais em sua jurisdição, é menor a possibilidade de se justificar a primeira das correntes reproduzidas. Independentemente disso, entendemos que a melhor solução é, realmente, aquela que veda por completo o uso das provas ilicitamente obtidas. Assim compreendemos não somente pelo fato de que o Supremo, como guardião constitucional,

---

(4) HC 93.050, Rel. Min. Celso de Mello, julgamento em 10.6.08, 2ª Turma, DJE de 1º.8.08.

tem afirmado sistematicamente essa forma de interpretar o dispositivo maior mas também em razão de compreendermos que não cabe usarmos o princípio da proporcionalidade, nesta hipótese, eis que já há uma prévia determinação, pela própria Constituição, do valor jurídico a ser preservado. O critério sustentado pela terceira corrente só valeria em situação real de colidência de normas constitucionais, mas em nosso entender, esse conflito não existe no caso, eis que a deliberação expressa da Carta de 88 foi no sentido da rejeição da prova ilicitamente colhida, elemento que, de plano, suplanta qualquer outro preceito, ainda que igualmente fundamental.

9) Dissertação — Justiça, equidade e princípio da legalidade diante da revelia no processo trabalhista.

Os conceitos lançados no enunciado da questão são por demais genéricos, em especial a expressão "justiça", que é um vocábulo equívoco, e por isso sujeito a várias interpretações — pode significar um conceito de direito natural, pode representar um ideal perseguido pelos operadores jurídicos, ou mesmo pode ter o significado equivalente a "Poder Judiciário". Por isso, é um tanto difícil relacionar-se tais expressões, sem termos a dimensão precisa de seus significados, para o problema. A equidade também pode ser entendida com duas acepções: representa, a um lado, um conceito filosófico indicativo dos ideais do julgador no manejo de qualquer decisão jurisdicional, implicando a busca de uma decisão que se afigure justa e equânime — isso está expresso, por exemplo, no art. 852-I, § 1º, da CLT, mas embora este se refira a feitos do rito sumaríssimo, é uma medida desejável em qualquer ação. Pode ser qualificada, ainda, como um mecanismo de preenchimento de lacunas na lei, cujo uso é absolutamente restrito no direito e no processo comum (art. 4º da LICC e art. 127 do CPC), mas perfeitamente admissível no direito do trabalho (art. 8º da CLT). Nesse caso, equidade significa o uso do critério pessoal do juiz sobre o que é justo como forma de suprir a lacuna na lei.

Feita essa distinção, nos parece claramente que qualquer relação que possa haver entre equidade e a revelia diz respeito à primeira acepção, ou seja, aquela que revela a preocupação jurisdicional de sempre buscar a decisão mais justa, o que, imediatamente, nos revela também a melhor acepção, para a questão, da expressão "justiça". Essa correlação nos aponta nitidamente que os conceitos inseridos nas duas expressões são filosóficos, e o problema exige justamente que avaliemos como pode um processo em que se tenha reconhecida a revelia do réu produzir uma solução justa e equitativa ou equânime.

Nesse sentido, cabe-nos situar, também, o que seria a chamada revelia no processo do trabalho (o que também se apresenta no processo comum, em geral). Tratamos por revelia o estado em que se insere o réu quando deixa de apresentar sua contestação (ou defesa, usando a expressão limitativa da CLT). Assim, e por isso mesmo, é impróprio o uso de expressões como "aplicação da pena de revelia" ou mesmo "decretação da revelia", pois não se trata de qualquer medida punitiva e também porque a revelia não precisa ser decretada — ao juiz, constatando a ausência de defesa do réu, cabe apenas proclamar esse fato e, se for o caso, fazer incidir seus efeitos. Por isso, insistimos que revelia é um estado de fato no qual o próprio o réu se insere, ao abdicar do direito de se defender.

O tema está tratado no art. 319 e seguintes no CPC. A CLT, mais modestamente, situa a sua incidência em seu art. 844, estipulando que ela ocorre quando o reclamado deixa de comparecer à audiência, momento que seria oportuno para a apresentação de sua defesa (art. 847 da CLT). Segundo as regras do processo civil, aplicáveis de forma supletiva ao processo do trabalho, a revelia do reclamado implica a presunção de veracidade de tudo o quanto fora alegado pelo autor — as questões de fato, não infirmadas por outros meios probatórios pré-constituídos, são tidas como verdadeiras, por presunção, o que, invariavelmente, resulta no acolhimento do pedido do autor, quando ele depende eminentemente de questões de fato.

Com isso, podemos assinalar, enfocando a correlação temática que foi proposta na questão, que uma decisão proferida em processo no qual houve revelia do reclamado pode não produzir uma decisão justa sob o ponto de vista axiológico, mas isso é uma decorrência do fato do réu ter deixado de oferecer sua resposta, e não invalida o resultado do processo. Isso, aliás, é algo que ocorre mesmo sem que haja revelia. Afinal, o ideal de justiça que deve estar inserto na atividade jurisdicional muitas vezes esbarra em outros fatores tipicamente processuais e não se produz um resultado justo. Por exemplo, quando o reclamante, por razões diversas, não consegue apresentar em juízo testemunhas para comprovar o labor extra que alegou existir, o pedido a respeito será, invariavelmente, rejeitado, muito embora ele possa, de fato, ter realizado essas horas extras durante todo o contrato. A realidade dos fatos nem sempre (ou quase nunca) se reproduz com fidelidade no processo, e por mais que almeje proferir uma decisão justa, o juiz sempre irá esbarrar nos fatos que foram atestados pelas provas dos autos.

Dessa maneira, ponderamos que a ocorrência de revelia no processo do trabalho pode, de fato, resultar uma decisão injusta, mas isso não tira a autoridade da decisão, mesmo porque a situação de fato foi causada pelo próprio reclamado. Outrossim, e atendendo o disposto no já citado art. 852-I, § 1º, da CLT, nada obsta que o juiz, na análise dos elementos apresentados nos autos, opte por uma decisão que se lhe afigure justa, inclusive relevando alguns efeitos de determinada revelia por outros meios instrumentais, como, por exemplo, o depoimento pessoal do reclamante. O juiz pode colhê-lo de ofício e, com isso, depurar a narrativa feita na exordial — já que aqui teremos uma confissão real —, o que pode, no mínimo, levar a uma solução mais equilibrada. É importante que se consigne que, embora a jurisprudência consolidada do TST (Súmula n. 74, II) admita somente o uso da prova pré-constituída para a infirmação de confissão ficta, tem-se que o direcionamento da diretriz sumular é voltado exclusivamente às partes. Assim, segundo tal entendimento, não há cerceamento de defesa quando a parte tem recusado requerimento de provas pós-constituídas pelo magistrado; todavia, a mesma Súmula não veda nem impede a atitude do juiz que, de ofício, vislumbra a necessidade de coleta de provas complementares para esclarecer fatos do processo, a despeito da configuração da revelia do demandado.

Não vemos, outrossim, qualquer ofensa ao princípio da legalidade quando falamos em revelia. Afinal, o direito de defesa do réu é um dos elementos integrantes do devido processo legal, mas este também contempla (e não poderia deixar de fazê-lo) as consequências da ausência de defesa do réu, de modo que, ao ser considerada a revelia do réu, isso está em consonância com o princípio em referência. Embora isso não tenha sido explicitamente requisitado no problema, é importante salientar que, ao contrário do que alguns defendem, a revelia que incide sobre o empregador não é um atributo de eventual configuração protetiva do processo do trabalho. É de se notar que a revelia incide sobre o reclamado, não importando quem esteja no polo passivo. Como regra processual, atinge sempre o demandado, quando ele deixa de se defender. Assim, em uma reclamação trabalhista comum, o empregador será revel se não se defender, mas em uma ação consignatória do empregador em face do empregado, se este abdicar da defesa, será ele também afetado pelos efeitos da revelia. Logo, a revelia não é algo que atinge apenas o empregador, e por isso equivocada eventual assertiva de que é um indicativo do caráter protetivo do processo trabalhista.

DIREITO CIVIL

10) Bem de família. a) Definição. b) Diferenças entre bem de família que trata o art. 1.711 e seguintes do Código Civil e a Lei n. 8.009/90. Tais normas coexistem? c) Sua penhorabilidade frente ao devedor solteiro, à nua propriedade e às obrigações *propter rem*. d) Possibilidade de declaração *ex officio*. e) Frente aos créditos trabalhistas, considerando a natureza jurídica da exceção prevista no inciso III, do art. 3º da Lei n. 8.009/90. f) Essa excludente de penhorabilidade pode ser alegada em embargos de terceiro?

A expressão bem de família representa a afetação de bens a um destino especial, visando resguardar residência e condições dignas de vida à família. Revela-se, portanto, uma excludente de penhorabilidade e garantia geral de credores, disciplinada pelo art. 1.711 e seguintes do Código Civil, em sua modalidade voluntária — instituída pelos cônjuges ou pela entidade familiar — e também pela Lei n. 8.009/90, que trata do bem de família imposto por norma de ordem pública, em defesa da instituição familiar.

A configuração do bem de família voluntário exige a observância de diversos requisitos legais, não previstos para a configuração do bem de família disciplinado em lei especial, dentre elas, a instituição mediante escritura pública ou testamento e o limite de afetação a um terço do patrimônio líquido existente ao tempo da instituição. O bem de família voluntário consistirá em prédio residencial urbano ou rural, com suas pertenças e acessórios, não se referindo o Código Civil aos bens móveis que guarnecem o imóvel, ao contrário do que consta da lei especial. Nesse enfoque, o bem de família da Lei n. 8.009 revela-se mais amplo, englobando não apenas o imóvel residencial, mas também os bens móveis que guarnecem a residência, porquanto, imprescindíveis ao bem estar da entidade familiar. Por outro lado, o Código Civil admite que também se constituam em bem de família os valores mobiliários, cuja renda deverá necessariamente ser aplicada na conservação do imóvel e no sustento da família, hipótese não aventada, por sua vez, na lei especial, que se revela mais restrita nesse sentido.

A impenhorabilidade do bem de família voluntário limita-se às dívidas posteriores à sua instituição e, ainda assim, desde que não provenham de tributos relativos ao prédio ou de despesas de condomínio. Já a impenhorabilidade do bem de família legal é oponível aos credores em geral, mesmo àqueles que já o eram ao tempo da aquisição do imóvel, salvo as exceções previstas no art. 3º da Lei n. 8.009.

Não obstante as distinções verificadas nas duas hipóteses em comento, é certo que não há incompatibilidade entre as normas gerais do Código Civil e a norma especial, coexistindo em nosso ordenamento jurídico o bem de família voluntário e o bem de família legal. Tal conclusão, inclusive, consta expressamente do art. 1.711 do Código Civil.

Consigne-se que aos solteiros não é dado instituir bem de família por ato de vontade, reconhecendo o Código Civil que o bem de família só pode ser instituído em proveito da entidade familiar, seja pelos cônjuges ou por terceiro. Contudo, a dissolução da sociedade conjugal não extingue, necessariamente, o bem de família, pois poderá o mesmo subsistir em proteção ao cônjuge supérstite e aos filhos menores. Assim, apenas nesta hipótese, verificamos a impenhorabilidade do bem de família voluntário frente ao devedor solteiro. Consigne-se que tal restrição não se verifica na hipótese do bem de família legal, admitindo-se a impenhorabilidade do imóvel residencial do devedor solteiro, mesmo que maior, porquanto a jurisprudência tem interpretado ampliativamente o disposto na lei especial, conferindo proteção não apenas a família, mas a pessoa natural, ainda que solteira.

Merece igual destaque a inoponibilidade da excludente frente às obrigações *propter rem*, respondendo o bem de família voluntário e também o legal pelos encargos condominiais e tributos relativos ao imóvel. A penhorabilidade também se verifica, no caso de bem de família legal, nas obrigações *propter rem* relativas ao financiamento e hipoteca do imóvel.

Por outro lado, sendo o devedor nu proprietário subsistirá a impenhorabilidade, desde que o imóvel seja utilizado para a residência da família desse, tanto quanto ao bem de família voluntário, quanto ao legal ou ainda, quando instituído por terceiro que se despoja da posse direta em prol de entidade familiar, como autorizado pelo Código Civil.

Em razão da exigência de escritura pública ou testamento na instituição do bem de família voluntário não admitimos a hipótese de declaração de tal qualidade *ex officio*. Contudo, tal possibilidade se verifica em relação ao bem de família legal, devendo o juiz atentar para a norma de ordem pública, de modo que, verificando que foi indicado à penhora ou já foi penhorado um bem de família em sua modalidade legal, poderá reconhecer a impenhorabilidade, determinando que o ato seja desfeito ou que nem se consume, mesmo sem provocação da parte interessada.

A impenhorabilidade do bem de família frente aos créditos trabalhistas tem sido reconhecida, admitindo-se a penhora apenas na hipótese de crédito trabalhista devido ao empregado doméstico que tenha prestado serviços a pessoa ou a família titular do bem de família. Essa matéria poderá ser alegada pelo devedor em embargos à execução, quando ele for o titular do direito e ou em embargos de terceiro, quando o bem de família pertencer a outra pessoa. Recebidos os embargos, o juiz mandará que sejam processados e, se necessário, colhidas as provas requeridas que forem pertinentes. Feito isso, passará ao julgamento, acolhendo ou não a alegação de impenhorabilidade, com o que reputa subsistente a penhora, ou a torna sem efeito.

DIREITO CONSTITUCIONAL

11) Quanto à Seguridade Social discorra sobre os princípios da solidariedade, seletividade e distributividade na prestação de benefícios e serviços.

Princípios são verdades fundantes de certo sistema de conhecimento, que assim são consideradas porque se evidenciam quando se propõe um estudo consistente sobre os fundamentos desse sistema, ou então por terem sido comprovadas, como regularmente se procede com os fenômenos próprios das ciências da natureza. Também na Ciência Jurídica encontramos princípios próprios, que existem justamente como pressuposto de seu reconhecimento como segmento autônomo. É que uma ciência só pode ser assim considerada quando nela se identificam elementos principiológicos específicos e que a diferenciam de outras manifestações científicas. No plano jurídico, podemos qualificar os princípios segundo uma concepção funcional: seriam diretrizes que informam e inspiram a criação de algumas soluções jurídicas, pelo que podem servir para promover e embasar a aprovação de novas normas, orientar a interpretação das já existentes e resolver os casos não previstos pelo padrão normativo. Daí decorrem as três funções elementares dos princípios, quais sejam, a informadora, a interpretadora e a normativa, respectivamente.

Assinale-se que um princípio não precisa estar inserido em uma norma positiva para ser considerado, visto que sua conformação antecede a própria existência do direito positivo. Mas existem normas que assimilam certos princípios, de modo que é muito comum confundir-se princípios com regras, mormente quando se processa uma interpretação constitucional, já que as normas dessa natureza são profícuas na presença de comandos regulatórios, mas também apresentam diversos apontamentos de ordem principiológica. Por isso, deve-se considerar que as regras são *mandados ou comandos definitivos,* de incidência obrigatória uma vez verificada a hipótese normativa, que é capaz de resultar na produção dos efeitos respectivos, normalmente disciplinados pela própria regra. Já os princípios indicam apenas uma direção para o seu utilizador/aplicador, visto que não contêm estipulação de subsunção automática a um fato concreto. Isso é o que permite que haja uma aplicação modalizada pelo intérprete, ajustando a incidência do princípio segundo as particularidades do instrumento a ser utilizado. É o que permite, p. ex., que se reconheça a necessidade de legitimidade para demandar, no plano infraconstitucional, a despeito da garantia superior de acesso à justiça.

Os princípios gerais de Direito são assim designados porque aplicáveis a todos os ramos da Ciência Jurídica, o que não impede que cada um desses ramos tenha princípios peculiares, que igualmente servem como traços de identidade e diferenciação dos outros correlatos. Por tais motivos, a Seguridade Social também tem seus princípios próprios, sendo alguns até mesmo de caráter internacional, sendo assimilados pelas legislações de vários países, como, p.ex., o princípio da universalidade, o da suficiência das prestações e o da solidariedade. Sua principal finalidade, como indicado, é servir como elemento orientador na elaboração das leis, cuja elaboração deve respeitar certas garantias aos cidadãos. Releva assinalarmos que o conceito de Seguridade é amplo e abrangente, envolvendo três segmentos de atuação, que se destinam a todos os que dela necessitem, de acordo com sua necessidade: a Previdência Social, que regula a cobertura de riscos decorrentes de doença, invalidez, velhice, desemprego, morte e proteção à maternidade, p. ex. (mediante a cobrança de contribuições e a concessão de benefícios como aposentadorias, pensões, licenças, dentre outras); a Assistência Social, que trata de atender aos hipossuficientes, destinando pequenos benefícios a pessoas que nunca contribuíram para o sistema; e a Saúde, cuja missão é oferecer uma política social e econômica destinada a reduzir riscos de doença e outros gravames, proporcionando ações e serviços voltados à proteção e recuperação do indivíduo.

No Brasil, alguns preceitos aplicáveis à Seguridade Social foram inseridos na Constitucional de 1988, de maneira que conformam o que se pode chamar de Princípios Constitucionais da Seguridade Social. É o que resulta da análise do parágrafo **único do art. 194 da** Constituição, que estipula os chamados *objetivos* que deveriam ser observados pelo Poder Público para organizar a Seguridade Social com base em objetivos. A despeito do que explicita nominalmente a Constituição, é induvidoso que esses comandos representam princípios, pois constituem proposições básicas ou estruturais do sistema.

Atendendo ao comando da Constituição, as Leis ns. 8.212/91 e 8.213/91 instituíram o Plano de Organização e Custeio da Seguridade Social e o Plano de Benefícios da Previdência Social, respectivamente, sendo certo que o parágrafo **único do art. 1º da Lei** n. 8.212/91 indica os mesmos princípios constitucionais já apontados. Focando-nos apenas nos princípios indicados na questão, temos que o *princípio da solidariedade* tem fundamento no art. 3º, inciso I, da Constituição, em caráter genérico. Ali está inscrito como um dos valores fundantes do Estado brasileiro o objetivo de construir uma sociedade livre, justa e *solidária*, de modo que a previsão do art. 194 apenas reproduz, no plano da Seguridade, o que é um preceito geral de atuação do Estado. Aplicando-se-lhe ao nicho objeto da indagação, temos que tal princípio pressupõe que os que têm melhores condições financeiras devem contribuir com uma parcela maior para financiar a Seguridade Social. De outro lado, os que têm menores condições de contribuir devem ter uma participação menor no custeio da Seguridade, conforme as suas possibilidades, o que não significa que podem deixar de contribuir. A ideia central é a de que o sistema tenha condições de absorver os necessitados, ainda que seja intuitivo que eles não podem custeá-lo sozinhos. Por isso, os que detêm maiores recursos financeiros são chamados a prestar contribuições mais substanciais, garantindo um certo equilíbrio no sistema.

De outra parte, o *princípio da seletividade e da distributividade* na prestação dos benefícios e serviços tem como pressuposto que, embora a Seguridade seja aplicável indistintamente a todos os cidadãos, nem todos os segurados terão direito a todas as prestações que o sistema pode fornecer. Na realidade, é imperativo que haja uma seleção das prestações que podem ser concedidas, o que deve ser realizado de acordo com as condições econômico-financeiras do sistema de Seguridade Social. Compete à Lei de Custeio e à Lei de Benefícios dispor quais prestações serão atribuídas a quais pessoas, sempre observando o atendimento prioritário aos mais necessitados. Como o sistema objetiva distribuir renda, principalmente para as pessoas de baixo poder aquisitivo, esse princípio tem nítido caráter social.

Direito Administrativo

12) Os Conselhos Regionais de Fiscalização Profissional são entidades autárquicas federais. Indaga-se: aos seus empregados são aplicáveis os arts. 37 e 41 da Constituição Federal, notadamente quanto à necessidade de concurso público para admissão e aquisição de estabilidade?

A questão proposta não é pacífica nos tribunais brasileiros, não existindo consenso na jurisprudência sobre o tema, inclusive no Supremo Tribunal Federal e no Tribunal Superior do Trabalho. O dissenso jurisprudencial decorre da divergência quanto à natureza jurídica dos Conselhos de Fiscalização Profissional. O TST, majoritariamente, tem adotado entendimento segundo o qual os Conselhos de Fiscalização Profissional, embora intitulados impropriamente *autarquias federais*, não se inserem no âmbito da Administração Pública Direta ou Indireta, caracterizando-se como autarquias atípicas ou entes paraestatais e não como autarquias em sentido estrito, posto terem autonomia administrativa, financeira e orçamentária, não sofrendo controle institucional do Estado.

Nesse sentido, em recentes decisões, o Tribunal Superior do Trabalho tem entendido que a contratação de empregados pelos Conselhos de Fiscalização não está sujeita à norma do art. 39 da Constituição, que disciplina a contratação de servidores públicos, exigindo o prévio concurso público, não estando ainda os empregados contratados alcançados pela estabilidade dos servidores públicos, prevista no art. 41 da mesma Constituição da República.

Contudo, como mencionado anteriormente, a questão não é pacífica, existindo diversas decisões em sentido contrário, inclusive no Supremo Tribunal Federal que, reconhecendo a natureza autárquica dos Conselhos, tem entendido pela aplicação das normas constitucionais dos citados arts. 39 e 41. Referidas decisões admitem que os Conselhos de Fiscalização têm natureza jurídica de autênticas autarquias, colaboradoras do Estado, sem fins lucrativos e que, no desempenho de funções fiscalizatórias do exercício de profissões liberais, prestam serviços públicos federais, com natureza de entidade de direito público interno. Nesse sentido, estariam submetidas às regras próprias das demais autarquias, sobretudo no que se refere ao regime especial de pessoal e à exigência de prévio concurso público para a admissão de empregados.

13) Empregado público submetido a contrato de experiência por noventa dias ingressa com ação trabalhista em face de seu empregador sustentando ser inaceitável e ilegal tal exigência, uma vez que o edital do certame que o aprovou não fazia referência alguma a essa espécie de contratação. O reclamado se defendeu alegando que o interesse público autoriza e ampara tal procedimento. Pergunta-se: é lícita essa modalidade de contratação? Qual a solução mais adequada ao processo em questão? Justifique as respostas.

Empregados públicos são modalidades de servidores públicos, contratados mediante o regime da Consolidação das Leis do Trabalho. A princípio, esse é o regime típico e próprio dos trabalhadores contratados por empresas públicas e sociedades de economia mista, às quais é aplicado o mesmo tratamento destinado às pessoas jurídicas de direito privado em geral (art. 173, II, da Constituição). No entanto, o modelo atual não impede que também a Administração Direta, autárquica ou fundacional também contratem sob o regime trabalhista, eis que a exigência originária de instituição de Regime Jurídico Único, antes previsto no art. 39 da Constituição, foi suprimida pela Emenda Constitucional n. 18/1998.

A questão envolve duas percepções possíveis sobre o assunto, especialmente porque não distingue se o empregador do hipotético reclamante seria órgão da Administração Direta ou entidade paraestatal. Nesse sentido, a distinção tem relevância visto que a resposta pode ser direcionada de forma diferente, de acordo com seu empregador. Antes disso, no entanto, uma primeira abordagem possível sobre o tema envolve a falta de previsão no edital a respeito da forma de contratação do reclamante, especificamente a fixação de termo de experiência para o contrato. Nesse contexto, em caráter preliminar entendemos que a contratação com fixação de prazo de experiência já seria irregular, ante a ausência de fixação editalícia dessa possibilidade, independentemente da qualidade do empregador do reclamante. Com efeito, embora contratanto sob regime trabalhista, os entes da Administração Pública devem respeitar os princípios próprios do Direito Administrativo, dentre os quais se destaca o da *legalidade estrita*. Assim, se aos particulares é permitido que façam tudo o que a lei não proíba, ao administrador público só é lícito fazer o quanto a lei expressamente autoriza.

Por outro lado, há que se considerar que, consoante a Teoria dos Motivos Determinantes, os motivos alegados para a prática de um ato administrativo ficam a ele vinculados, de modo que condicionam sua validade. Em sentido contrário, se não foram expostos os motivos para determinado ato, eles não podem ser invocados posteriormente como elemento condicionante de sua conformação. O argumento utilizado pelo ente administrativo a respeito da prevalência do interesse público não pode ser considerado, eis que, como dito, os atos da Administração devem seguir estritamente o formato estipulado pela lei. Se há exigência legal de publicação de edital com todas as condições de contratação, não pode haver a estipulação de cláusula de experiência que não houvesse sido assinalada quando da convocação do concurso público. Assim, sob esse primeiro aspecto entendemos que a contratação por prazo determinado — contrato de experiência — seria irregular pela ausência de previsão editalícia, independentemente da qualidade do empregador.

A par disso, cabe analisar a possibilidade ou não de fixação de cláusula experimental para contratos de empregados públicos, quando isso vier a ser explicitado em edital. Nesse contexto, o entendimento consolidado pelo TST é o de que a estabilidade do art. 41 da Constituição da República somente atinge os empregados públicos da Administração Direta, autárquica ou fundacional, não abrangendo os trabalhadores contratados pelas sociedades de economia mista ou empresas públicas.[5] A partir dessa distinção, temos que, para os empregados das entidades paraestatais, é plenamente lícita a contratação por prazo experimental, nos moldes expostos na CLT, ainda que tenha ocorrido a seleção mediante concurso público. Com efeito, se a jurisprudência

---

(5) SUM-390 — ESTABILIDADE. ART. 41 DA CF/1988. CELETISTA. ADMINISTRAÇÃO DIRETA, AUTÁRQUICA OU FUNDACIONAL. APLICABILIDADE. EMPREGADO DE EMPRESA PÚBLICA E SOCIEDADE DE ECONOMIA MISTA. INAPLICÁVEL. I — O servidor público celetista da administração direta, autárquica ou fundacional é beneficiário da estabilidade prevista no art. 41 da CF/1988. II — Ao empregado de empresa pública ou de sociedade de economia mista, ainda que admitido mediante aprovação em concurso público, não é garantida a estabilidade prevista no art. 41 da CF/1988.

dominante não reconhece o direito à estabilidade para tais servidores, é certo que a eles não se aplica o período de estágio probatório cominado no mesmo art. 41 da Constituição. Portanto, sendo conveniente para a Administração, e constando essa condição do edital do concurso, o contrato de experiência seria válido, caso o empregador seja empresa pública ou sociedade de economia mista.[6]

No entanto, distinta seria a solução para hipóteses em que a contratação ocorra pela Administração Direta, por autarquias ou por fundações públicas. Nesse caso, aplica-se integralmente o disposto no art. 41 da Constituição, de modo que tais servidores estão sujeitos ao estágio probatório de três anos e, após seu decurso, adquirem estabilidade. Há incompatibilidade natural entre o contrato de experiência da CLT e o estágio probatório previsto na Carta Constitucional, visto que a finalidade de ambos é exatamente a avaliação recíproca das condições de trabalho e da prestação de serviços. Logo, se existe regime administrativo próprio para que essa análise seja feita para servidores públicos, não se pode pretender a aplicação da norma consolidada. Portanto, no caso hipotético em exame, caso o empregador fosse ente da Administração Direta, autarquia ou fundação pública, também irregular seria a contratação por prazo experimental, ainda que isso constasse do edital.

Por fim, a questão não apresenta qual teria sido a postulação do reclamante, nem tampouco informa se a ação foi ajuizada ainda na vigência do contrato ou se após seu rompimento. Dessa forma, temos também que apontar as várias possibilidades que o caso apresenta. Com efeito, se a ação foi ajuizada ainda durante a vigência do contrato, naturalmente ela encerra pretensão declaratória — a declaração de nulidade da cláusula e o reconhecimento de que o contrato vigora sem prazo determinado. Conforme afirmamos, em razão da ausência de previsão no edital, entendemos que a solução deveria ser pela procedência do pedido, reconhecendo-se a invalidade da estipulação contratual. Por certo que, se se tratar de empregado de entidade paraestatal, isso não impedirá a dispensa do trabalhador, tendo apenas como consectário o pagamento das verbas decorrentes da despedida injusta, não havendo sequer necessidade de motivação para o despedimento.[7] Caso o empregador seja órgão da

---

(6) Há precedentes nesse sentido, por parte do Tribunal Superior do Trabalho, como, p. ex., o que foi decidido no RR 1309/2002-401-04-00.4.
(7) Conforme entendimento do TST na OJ-SDI1-247: SERVIDOR PÚBLICO. CELETISTA CONCURSADO. DESPEDIDA IMOTIVADA. EMPRESA PÚBLICA OU SOCIEDADE DE ECONOMIA MISTA. POSSIBILIDADE. Inserida em 20.6.2001 (Alterada — Res. n. 143/2007

Administração Direta, autarquia ou fundação, no entanto, o efeito dessa sentença será a sujeição do trabalhador ao estágio probatório do art. 41 da Constituição, após o que ele poderá ser dispensado — se houver motivação para tanto — ou considerado estável.

Por outro lado, se o reclamante ajuizou a ação após o despedimento, caberia-lhe postular os direitos rescisórios da despedida injusta (no caso de empregador paraestatal) ou a reintegração (nas demais hipóteses). Da mesma sorte, a solução que nos parece mais acertada é a de procedência do pedido, apenas com efeitos distintos da primeira situação.

Cabe registrar que, embora se tenha, no caso, lide envolvendo servidor público, isso não afasta a competência trabalhista, eis que a decisão proferida pelo Supremo Tribunal Federal na ADI n. 3.395-DF relaciona-se apenas a servidores estatutários e não a empregados públicos.

— DJ 13.11.2007). I — A despedida de empregados de empresa pública e de sociedade de economia mista, mesmo admitidos por concurso público, independe de ato motivado para sua validade; II — A validade do ato de despedida do empregado da Empresa Brasileira de Correios e Telégrafos (ECT) está condicionada à motivação, por gozar a empresa do mesmo tratamento destinado à Fazenda Pública em relação à imunidade tributária e à execução por precatório, além das prerrogativas de foro, prazos e custas processuais.

DIREITO PROCESSUAL CIVIL

14) Súmulas. a) Princípios que as informam. b) Seu poder vinculante. c) Consequências de sua edição.

Embora o direito brasileiro tenha se formado a partir da estrutura romano-germânica, pela qual o ponto central do sistema é a norma positivada — ao contrário dos sistemas em que o direito é fundado nos precedentes jurisprudenciais — tem sido uma tradição das mais consolidadas, dentre os tribunais superiores, a de editar súmulas de sua jurisprudência dominante, de modo a demonstrar a uniformização dos julgamentos, que é uma de suas funções essenciais. Nesse contexto, o Título IX do Livro I do Código de Processo Civil também disciplina e estimula a criação de súmulas pelos próprios Tribunais de âmbito estadual, a partir do chamado Incidente de Uniformização de Jurisprudência, nas hipóteses descritas no art. 476 do CPC.

A despeito disso, e pelo próprio sistema vigente, as súmulas tradicionalmente não são consideradas fontes formais de direito, mas apenas servem como orientação e indicação de forma de julgamento, além de instrumentos auxiliares na interpretação jurídica. Ocorre que a Emenda Constitucional n. 45 criou, a partir do art. 103-A da Constituição da República, a chamada Súmula Vinculante, cujas características são totalmente diversas daquelas que tínhamos nas súmulas, pelo sistema anterior.

Por força do referido dispositivo constitucional, o Supremo Tribunal Federal, de ofício ou mediante provocação, poderá editar súmula com efeitos vinculantes aos demais órgãos do Poder Judiciário e aos órgãos da Administração Pública em todos os seus níveis, sempre com o objetivo de reconhecimento da validade, interpretação ou eficácia de normas determinadas, acerca das quais exista controvérsia entre órgãos judiciais ou entre esses e a administração pública, que possa acarretar grave insegurança jurídica e relevante multiplicação de processos sobre questão idêntica.

Com isso, a Súmula Vinculante passa a ter efetivamente o *status* de fonte formal de direito, pois o cumprimento de suas disposições é imperativo, seja pelos magistrados, seja pela administração pública. É oportuno, no entanto, destacar alguns aspectos dessa nova configuração: a) as Súmulas Vinculantes somente podem ser editadas pelo Supremo Tribunal Federal e segundo as diretrizes narradas, previstas no § 1º do art. 103-A, e não pelos demais tribunais superiores; b) têm como outros pressupostos objetivos a aprovação por dois terços dos membros do STF e a existência de reiteradas decisões sobre matéria constitucional; c) dependem, para sua edição, de regulamentação por lei ordinária.

Uma vez editada e publicada na imprensa oficial, terá a Súmula Vinculante eficácia imediata e será de aplicação obrigatória pelos órgãos do Poder Judiciário e pela administração pública, sendo que sua inobservância permite a qualquer interessado que impetre uma reclamação diretamente ao STF que, ao julgá-la procedente, anulará o ato administrativo ou cassará a decisão judicial reclamada, determinando que outra seja proferida, com ou sem aplicação da súmula, conforme o caso (art. 103-A, § 3º, da CRFB/88). O processo de revisão ou cancelamento da Súmula Vinculante será regulado por lei, mas a Constituição assegura que as postulações nesse sentido, e mesmo visando a aprovação de novas Súmulas, poderão ser apresentadas pelas mesmas pessoas que podem propor Ações Diretas de Inconstitucionalidade (art. 103 da CRFB/88).

É oportuno observar, ainda, que nem todas as súmulas do STF terão o caráter vinculante, senão somente aquelas que preencham os pressupostos enunciados, sobretudo no § 1º do art. 103-A da Constituição. E embora as súmulas dos demais tribunais superiores continuem sem ter força vinculativa, notamos uma intensificação da defesa do cumprimento das diretrizes sumulares, a partir de um eufemismo recentemente cunhado e disseminado dentre os magistrados. Tem sido voz corrente dos integrantes das Cortes Superiores que o magistrado das instâncias ordinárias deve acolher o entendimento pacificado por essas mesmas Cortes, por razões de "disciplina judiciária".[8] Com isso, advoga-se a ideia de que, mesmo não sendo vinculantes ou obrigatórias, o juiz só é considerado "disciplinado" se efetivamente respeita essas diretrizes.

---

(8) Um exemplo dessa manifestação se extrai de artigo publicado na *Revista LTr* (70-07/775, jul. 2006), de autoria do Min. Ives Gandra Martins Filho, do Tribunal Superior do Trabalho, e ex-Diretor da Escola Nacional de Formação e Aperfeiçoamento de Magistrados do Trabalho — ENAMAT. Embora não seja o nosso objetivo tecer comentários sobre essa postura, pelo propósito deste trabalho, não podemos deixar de manifestar nossa preocupação com tal tendência, inclusive pelo vigor com que ela é defendida, porque acreditamos que ela ofende concretamente os ditames da independência judicial.

Não por outro motivo, dentre as recentes alterações do Código de Processo Civil, observamos uma que envolve diretamente essa questão: o art. 518, § 1º, do CPC, inserido pela Lei n. 11.276/2006, criou a chamada Súmula Impeditiva de Recursos. Na realidade, não houve a criação de uma nova figura jurídica, como se deu com a Súmula Vinculante, mas sim o que se instituiu foi um pressuposto recursal intrínseco, que está relacionado às súmulas dos tribunais superiores. Assim, pelo dispositivo analisado, as decisões de primeiro grau que forem proferidas em consonância com súmulas de tribunais superiores não comportam nem mesmo o recurso de apelação, limitando a instância ordinária ao primeiro (e único grau jurisdicional).

Dessa narrativa nota-se que a eficácia impeditiva de recursos que a decisão consoante com uma súmula possui distingue fundamentalmente essa situação daquela em que há a chamada Súmula Vinculante. Como vimos, nas hipóteses do art. 103-A da CRFB/88, é imperativo ao magistrado que adote o entendimento trazido pela súmula com efeito vinculante. No caso do § 1º do art. 518 do CPC, inexiste restrição interpretativa ao juiz — ele continua podendo adotar o entendimento da súmula ou não. O que muda, efetivamente, é a recorribilidade de seu ato — só caberá recurso se a decisão for contrária a súmula.

Cumpre observar que, para fins desse último dispositivo, não há necessidade de regulamentação, e isso se aplica a todas as súmulas dos tribunais superiores em vigor, de modo que, a partir da vigência da Lei n. 11.276/06, os recursos interpostos devem se submeter a esse novo pressuposto.

15) Estabeleça a relação entre a finalidade do recurso de Embargos de Declaração e o princípio do devido processo legal.

Os embargos de declaração constituem recurso anômalo, destinado apenas à correção de imperfeições observadas em acórdãos e sentenças. Sua anomalia decorre, de um lado, da limitação de seu cabimento e, de outro, do fato de ser apreciado pelo próprio Juízo prolator da decisão, como decorrência exatamente da sua finalidade. Além disso, trata-se de um recurso que não suprime nem elimina a possibilidade de outro recurso contra o mesmo ato, este sim destinado à revisão da matéria decidida.

A limitação objetiva de cabimento dos embargos está situada nos dispositivos legais que o regulam, mais especificamente, no caso do processo comum, no art. 535. Dessa forma, admitem-se os embargos declaratórios quando houver, na sentença ou no acórdão, *obscuridade*, *contradição* ou *omissão* de ponto sobre o qual devia se pronunciar o juiz ou tribunal. Dessa descrição, colhe-se, em primeiro plano, o total descabimento dos embargos de declaração interpostos contra decisões interlocutórias, não admitidas pelo texto legal. Por outro lado, são requisitos intrínsecos dos embargos que eles apontem a ocorrência de uma das três modalidades expostas no art. 535. A obscuridade, que seria a falta de clareza do texto decisório, que dificulta sua compreensão pelo jurisdicionado; a contradição entre assertivas da própria decisão, ora em um sentido e ora em outro; ou a omissão, configurada pela ausência de pronunciamento sobre ponto essencial do conflito.

Por construção jurisprudencial tem-se admitido a interposição de embargos declaratórios para fins de prequestionamento, o que sempre será necessário, em se tratando de decisão de segundo grau, quando a parte quiser obter um pronunciamento específico sobre determinado tema, a fim de permitir eventual recurso de caráter excepcional (Recurso Especial ou Extraordinário, no caso do processo comum). Isso é fundamental em razão dos limites de admissibilidade dos recursos dessa natureza, que recaem sobre temas específicos que, se não forem objeto de apreciação pela instância inferior, não poderão ser levados a grau jurisdicional superior. Bem por isso, e como os recursos para o segundo grau são de admissibilidade mais ampla, não há necessidade de embargos declaratórios para fins de prequestionamento. Da mesma maneira, a jurisprudência tem admitido a pertinência de embargos declaratórios em razão de manifesto equívoco no exame dos pressupostos extrínsecos do recurso. Nesse caso, obviamente, trata-se de embargos interpostos apenas de acórdãos, e volta-se a casos em que o recurso não foi conhecido por ausência de pressuposto extrínseco, de maneira equivocada, como, p.ex., em razão de intempestividade que não ocorreu.[9]

De outra parte, a finalidade dos embargos é, como dito, apenas a de corrigir imperfeições da decisão, não sendo lícito que se promova a rediscussão da matéria decidida nem tampouco o revolvimento da prova dos autos. A jurisprudência tem admitido, no entanto, o chamado efeito modificativo pela via declaratória, sobretudo em casos de omissão e contradição.[10] No entanto, a possibilidade de modificação da decisão não altera as hipóteses de cabimento dos embargos devendo, ao contrário,

---

(9) A CLT admite os embargos para essa hipótese, como se observa da parte final do seu art. 897-A.

(10) É importante ressaltar que a CLT já contempla expressamente essa possibilidade, em seu art. 897-A, mas o tema não é aqui abordado por se tratar de questão de processo civil. No mesmo sentido, a Súmula n. 278 do TST, já tinha essa mesma previsão, quanto a omissões.

ser limitadas a elas. Assim, é possível modificar-se a sentença, p. ex., se houve omissão quanto a requerimento de apreciação de prescrição total: a decisão originária, que tinha sido de procedência, passa a ser de extinção com resolução do mérito, com o acolhimento da prescrição antes não analisada. De outra maneira, se a sentença proclama determinado fato e, com base nele, defere ao autor certa postulação, será contraditória caso rejeite outro pedido com fundamento na negativa desse mesmo fato. Assim, os embargos podem ser acolhidos para mudar o resultado do julgamento, acrescendo à condenação a parcela rejeitada.

Nota-se, portanto, que os embargos só admitem efeito modificativo quando a situação exposta pelo embargante se enquadra, hipoteticamente, nos casos em que os embargos são realmente passíveis de utilização. No entanto, a má compreensão da extensão dessa possibilidade tem contribuído para a disseminação de embargos de declaração com finalidades totalmente estranhas àquelas descritas pela lei, estimulados, inclusive, pelo fato de a norma processual prever a interrupção do prazo recursal (art. 538 do CPC). Com isso, e sem que o prazo tenha novo curso até que seja a parte intimada da decisão dos embargos, muitos têm se utilizado do remédio processual com finalidade claramente procrastinatória.

É certo que a própria norma processual contempla a possibilidade de imposição de sanção à parte que assim procede, como está exposto no parágrafo único do mesmo art. 538/CPC. Mas isso não impede também que o órgão julgador, considerando que os embargos são uma modalidade recursal, deles não conheça caso verifique a total impropriedade dos embargos, ou seja, o uso dos mesmos para fins inadequados. Com efeito, um dos pressupostos dos recursos é a adequação, de modo que sempre deve ser utilizado o recurso apropriado à finalidade exposta pelo recorrente. A não observância desse pressuposto, como nos demais casos, acarreta o não conhecimento do recurso, inclusive sem eficácia de interrupção do prazo para o recurso principal. Embora haja restrições doutrinárias quanto a essa possibilidade no que diz respeito aos embargos declaratórios, a jurisprudência já tem emitido sinais de que essa pode ser uma tendência a ser consolidada.[11]

Em que pese o mau uso que tem se disseminado com o manejo indevido dos embargos declaratórios, não se pode negar que essa

---

(11) Assim decidiu o TST, p. ex., no processo A-AIRR n. 109.840-45.2008.5.10.0006, no qual inclusive declara expressamente a não interrupção do prazo recursal pelos embargos não conhecidos. Da mesma sorte, o STF decidiu dessa maneira na ADI n. 3.934.

modalidade recursal é um instrumento importante de aperfeiçoamento da prestação jurisdicional. Não se pode imaginar que as decisões judiciais sejam indenes de equívocos ou de falhas, de modo que a utilização de tal ferramenta mostra-se imprescindível para que a jurisdição seja complementada, e de modo muito mais breve e apropriado do que ocorreria se usado o instrumento recursal convencional, objetivando a revisão da decisão. Nesse sentido, pode-se afirmar que os embargos declaratórios são instrumentos de efetivação do devido processo legal, porquanto autorizam a provocação da parte de modo a obter a complementação da decisão original, proferida de maneira imperfeita. Aliás, em casos em que realmente existe incompletude ou defeito, a interposição dos embargos é simplesmente imprescindível para permitir que haja efetivo pronunciamento do Juízo prolator da decisão a respeito do tema, sem o que poderia haver a supressão da instância caso houvesse o julgamento pelo Juízo *ad quem* pela via recursal convencional.

Bem por isso é que os magistrados, embora consternados com o uso indiscriminado de embargos declaratórios, devem agir de maneira ponderada na sua apreciação, selecionando aqueles que realmente são justificáveis e que demandam aclaramento da decisão dos que têm função meramente procrastinatória. Quanto a estes, cabe-lhes impor as sanções processuais pertinentes ou mesmo estabelecer, para os que se mostram inadequados, o ônus do não conhecimento, com notório prejuízo à parte que os manejou indevidamente — especialmente pela não interrupção do prazo recursal. Quanto aos que são realmente pertinentes, por derivarem de situações concretamente apuráveis de omissão, contradição ou obscuridade, há que haver a preocupação substancial do magistrado de proferir uma decisão supletiva do defeito ou, ao menos, esclarecedora — em situações em que os defeitos alegados não existem —, como forma de homenagear os requisitos fundantes da decisão judicial, mormente o da fundamentação. Assim agindo, tem-se que o magistrado estará respeitando o princípio do devido processo legal pois, conforme já decidido pelo E. STF, a decisão que deixa de corrigir omissão, adequadamente provocada por embargos de declaração, acarreta nulidade processual.[12]

---

(12) É o que foi decidido no RE 428.991 (Rel. Min. Marco Aurélio, julgamento em 26.8.08, 1ª Turma, *DJE* de 31.10.08), no qual a decisão, especificamente sobre o tema, está assim sintetizada: "Embargos declaratórios. Objeto. Vício de procedimento. Persistência. Devido processo legal. Os embargos declaratórios visam ao aperfeiçoamento da prestação jurisdicional. Cumpre julgá-los com espírito de compreensão. Deixando de ser afastada omissão, tem-se o vício de procedimento a desaguar em nulidade".